英語イディオム
英熟語
語源辞典

清水建二
協力：Sayaka Wild

講談社

はじめに

私は長年多くの人たちに
英語を教えてきました。
その経験から英語学習者が
どうやれば効率よく英語を
習得できるかを
ずっと試行錯誤してきました。

そして、ようやくたどり着いたのが「語源」を知り、
そして「イラスト」で視覚に訴える学習法です。
この学習法を提唱した書籍を何十冊と出版し、
いずれも好評を得ることができ、
この方法が支持されていることを実感しています。

英語学習者は
「単語」「句動詞」「イディオム」

この3点を
しっかり習得することで、
英語のレベルが
飛躍的にあがります。

本書では「イディオム」に焦点をあてています。
イディオムはネイティブの会話に頻繁に登場し、しかも簡単な
単語で構成されているのに、それらが組み合わさることで、
それぞれの単語がもつ意味とは全く違う意味となります。
そして、それが我々英語学習者を悩ませるのです。

つまり、単語の意味を覚えるだけでなく、
今度はイディオムとして使われた場合の意味も
覚えなければならないのです。
たとえば、ネイティブとの会話で、

**Bob:I'm very sleepy today.
I burned the midnight oil
yesterday.**

こう言われたとき、
イディオムの意味を知らないと

**「え？　昨日の夜中に
油を燃やした??」
「まさか、放火したのかっ?!」**

とまで思う人もいるかもしれません。

しかし、イディオムのburn the midnight oilは「夜遅くまで仕事（勉強）をする」という意味です。
つまり、先ほどのBobは「今日は眠いなぁ。昨日遅くまで勉強したから」と言っているのです。このイディオムの意味を知っていれば会話は成立しますが、知らないと行き違いの会話へと進んでしまうことでしょう。
では、なぜそのような意味になったのでしょう?

本書ではburn the midnight oilは「かつて電気の通っていなかった頃、ランプに火をともして真夜中まで精を出して勉強や労働をしていたことから生まれた表現です。」とその語源を説明しています。

また、印象づくようなイラストを掲載し、しっかり頭に残るようになっています。

つまり、本書は語源を知り、イラストを見ることで、丸暗記よりもずっと効率よく新しい英語のイディオムを覚えられる構成になっているのです。

イディオムを覚えれば、ネイティブとの会話やテレビ・映画の理解度がぐっと高まります。イディオムを覚えたあと、その使用頻度が驚くほど高いことに気づくでしょう。

イディオムの選定にあたっては、アメリカだけでなく、イギリスやオーストラリアでも頻繁に使われるものを厳選し、A 〜 Wのアルファベット順に掲載しています。

この1冊で関連用語などを足して約500個ものイディオムを習得することができます。この本が、皆さんに新たな英語の世界の扉を開くことを願っています。

清水建二

本書の使い方

直訳の意味です。実際の意味と全く違うものも多く、どれだけ違うかチェックすることで、印象づけましょう。

イラストを見ることで、しっかりと頭に印象づけましょう。
たとえば、「ネコに魚の骨は、確かに価値ないよなぁ」など、イラストについて何か感想をもつことで、さらに記憶に焼きつきます。

実際のイディオムの意味です。

語源の説明です。関連・同意・反意表現の説明は色つきの太字で示してあるので、一緒に覚えてしまいましょう。

このイディオムがどのように使われているのか、例文を文章ごと覚えてしまうのも効果があります。

A

001

a dime a dozen

1ダースにつき10セント

▼

ごくありふれて価値がないこと

10セントで12個も買えることから、「ありふれて価値がないこと」を表します。イギリスでは、**two a penny**（1ペンスにつき2個）と表現します。**a dime novel**なら「三文小説」です。

That's a nice looking watch. Is it a rare model?
素敵な腕時計ね。珍しいモデルなの?
No, they're **a dime a dozen**. You can get them in tons of shops in Shibuya.
いや、**よくあるやつ**だよ。渋谷のどの店でも買えるよ。

002

a big fish in a small pond

小さな池の大きな魚

▼

お山の大将

ある限定された小さな組織の中でのみ力をもっている人のたとえとして使われる表現です。日本語でも「井の中の蛙（大海を知らず）」という表現がありますが、英語にも、**a big frog in a small pond**という表現があります。

He seems to be enjoying working in a smaller team.
彼は小さなチームでの仕事のほうが楽しいみたいだね。
Yes. He's always wanted to be **a big fish in a small pond**.
ああ、いつも**お山の大将**になりたがっていたからね。

6

001 a dime a dozen

1ダースにつき10セント

▼

ごくありふれて価値がないこと

10セントで12個も買えることから、「ありふれて価値がないこと」を表します。イギリスでは、two a penny（1ペンスにつき2個）と表現します。a dime novelなら「三文小説」です。

That's a nice-looking watch. Is it a rare model?

素敵な腕時計ね。珍しいモデルなの？

No, they're **a dime a dozen**. You can get them in tons of shops in Shibuya.

いや、**よくあるやつ**だよ。渋谷のどの店でも買えるよ。

002 a big fish in a small pond

小さな池の大きな魚

▼

お山の大将

ある限定された小さな組織の中でのみ力をもっている人のたとえとして使われる表現です。日本語でも「井の中の蛙（大海を知らず）」という表現がありますが、英語にも、a big frog in a small pondという表現があります。

He seems to be enjoying working in a smaller team.

彼は小さなチームでの仕事のほうが楽しいみたいだね。

Yes. He's always wanted to be **a big fish in a small pond**.

ああ、いつも**お山の大将**になりたがっていたからね。

003

a big head

大きい頭

▼

うぬぼれの強い人

自分の能力を必要以上に高く見ている人のことを表す表現で、a swelled head（膨れ上がった頭）という表現もあります。

He thinks he's so important!

奴は自分が重要な人間だと思っているよ。

I know, but he's just **a big head**!

ほんと、ただの**うぬぼれ人間**だよな。

004

a big mouth

大きな口

▼

大声でべらべらと話す、生意気な口を利く

大きな口を開けてべらべらと話をしたり、周囲を気にせずに生意気な口を利いたりすることから生まれた表現です。You and your big mouth! は「まったくおしゃべりなんだから!」の意味です。

Don't tell Sally anything – she can't keep a secret.

サリーに何も言わないでね。秘密を守れない人だから。

I know, she's such **a big mouth**!

うん、彼女**べらべらと話しちゃう**よね。

005 a brown-noser

茶色い鼻の人

▼

ごますり屋

ここでいうbrownとは「茶色の排泄物」のことで、出世のために上司のお尻の穴に鼻を突っ込んで臭いをかぐほど、おべっかを使う人をいいます。もっと直接的な表現で、kiss someone's ass「人のお尻にキスをする」もあります。

John will do anything to make himself the boss's favorite.

ジョンは、上司に気に入られるためには何でもするわね。

Yeah, he's such a brown-noser.

ほんと、**ごますり屋**よね。

006 a bull in a china shop

陶磁器店の牡牛

▼

無神経でがさつな奴、不器用な奴

壊れやすい陶磁器が並べられた店に牡牛を入れた時のことを想像するのは容易なことでしょう。小文字で始まるchinaは「陶磁器」「瀬戸物」の意味です。ちなみに、JapanのJを小文字にしたjapanは「漆器」のことです。like a bull at a gateなら「やみくもに」「猛烈に」の意味です。

Tony isn't good at delicate negotiation.

トニーは細かい交渉は得意じゃないな。

I agree. He's like a bull in a china shop.

同感。彼は**不器用**だからな。

007 a chip off the old block

古いブロックから落ちた一片

▼

親にそっくりな子ども

ブロックのかけらはどれを取ってみても同じような形をしている
ことから、特に親に似た子どもを表す表現として使われます。

Dan's been doing a great job since he took over the family business.

ダンは家業を継いでからうまくやっているわね。

Yeah, he's so much like his dad, **a real chip off the old block**.

あぁ、彼は本当に**お父さんにそっくり**だよ。

008 a hair of the dog (that bit you)

あなたを咬んだイヌの毛

▼

迎え酒

狂犬病にかかったイヌに咬まれてできた傷には、咬みついたイヌの毛を焼いて傷口につけると治る、という16世紀の俗信から生まれた表現です。ただし、a hairには「わずかの」とか「少量の」という意味があるので、迎え酒の量は少しだけにすることをおすすめします。

How can you feel fine after last night? I'm so hungover.

昨日の夜あんなだったのに、なんで普通でいられるわけ?　俺はひどい二日酔いだよ。

Well, then, the only cure is **a hair of the dog**!

じゃあ元気になるには、**迎え酒**しかないな!

009 a hard nut to crack

割るのに堅い木の実

▼

厄介な問題(相手)

金槌《かなづち》でたたいても割れないほど堅い木の実のように、非常に厄介な問題や扱いにくい人を表す時に使われる表現です。

What's your mother-in-law like?

君の義理のお母さんってどんな人?

She's a real hard nut to crack.

ひどく**難しい人**なのよ。

010 a little bird told me

小鳥が私に教えてくれた

▼

小耳にはさみました

「ある人から聞きました」「小耳にはさみました」のように、あえて情報の出所を明らかにしたくない時に使う表現です。A little bird told me that you're getting married.「結婚するって小耳にはさんだけど」のように使うこともできます。

How did you know I got promoted?

僕が昇進したってどうして知ったの?

A little bird told me.

風のうわさでね。

011 a piece of cake

一切れのケーキ

▼

朝飯前

一切れのケーキを一口で平らげてしまうように、物事が非常に簡単なさまをいいます。日本語では「朝飯前」です。また、ケーキと同様に、「パイ」を使った、It's (as) easy as pie.も同じ意味を表すイディオムです。

How was today's exam? I'm afraid I didn't do well.

今日のテストはどうだった？　あまりできなかったよ。

Really? I felt like it was **a piece of cake**.

ほんと？　僕は**楽勝**だったと思うけど。

012 a white elephant

白いゾウ

▼

無用の長物、煩わしいもの

かつて、シャム王国（現在のタイ）の王様が、自分の気に入らない家来に白いゾウを送りました。当時、白いゾウは神聖なもので労働力として利用することもできず、飼育にも莫大な費用がかかり、これを贈られた家来は手放すこともできずに貧乏になってしまったことに由来します。

Oh wow, you have a swimming pool in your yard!

わぁすごい！　庭にプールがあるのね！

You think it's great, but it's actually **a white elephant**.

すごいと思うかもしれないけど、**無用の長物**よ。

013 Achilles' heel

アキレスのかかと

唯一の弱点

トロイ戦争の英雄アキレスは、母親が、誕生時に浸すと体が頑強になるといわれる川に浸したために不死身の身体となった。しかし、母親はその時にかかとをつかんでいたために、その部分だけが浸されずに唯一の弱点となった、というギリシャ神話に由来します。日本語の「弁慶の泣き所」に相当します。

The Japanese soccer team always seems to be able to defend goals, but never score them.

日本のサッカーチームはいつもゴールを守ることができるけど、得点できないみたいですね。

Yes, attack does seem to be their Achilles' heel.

そうですね、攻撃が日本の**弱点**になっているみたいです。

014 add fuel to the fire

火に燃料を加える

火に油を注ぐ

火に薪や石炭などの燃料をくべればさらに火力が増すように、この表現は、言動によって問題を大きくしたり、他人の感情を害したりすることに由来します。add fuel to the flame も同意表現です。

Did you manage to make up with Lucy?

ルーシーと仲直りできた?

No, it was terrible! Everything I said just added fuel to the fire!

いや、もうひどかったよ！　僕が何か言うと逆に**火に油を注いじゃって**。

015

add insult [ínsʌlt] to injury [índʒ(ə)ri]

侮辱を傷に加える

▼

追い打ちをかける

この場合の傷は、身体的な傷ではなく内面的な傷のことで、その内面的な傷に「侮辱」や「屈辱」を加えるということから、「追い打ちをかける」という意味になります。日本語の「踏んだり蹴ったり」や「泣きっ面にハチ」などの表現に相当します。rub salt into someone's wounds「人の傷に塩をこすりつける」も同意表現です。

The pay rises this year were terrible, weren't they?

今年の昇給、ひどかったよね?

Yeah, and the money they spent on the Christmas party just **added insult to injury**.

ほんとだよ。それにクリスマスパーティーにかけたあの費用は**追い打ちをかけた**よね。

016

afraid of one's own shadow

自分の影を怖がる

▼

ひどく臆病である

文字通り、暗闇で常に自分につきまとう影におびえることから、「ひどく臆病である」ことを表します。shadowは暗いイメージから「悪影響」「付きまとう人」「亡霊」などネガティブな意味を表すことが多い単語です。関連表現にas scared as a rabbit「(ウサギのように)ビクビクして」があります。

He's a timid [tímid] little puppy, isn't he?

彼は怖がりだね。

Yeah! He's **afraid of his own shadow**.

ほんとだよね。**ひどく臆病**だよ。

017 alive and kicking

生き生きして蹴飛ばしている

▼

元気でぴんぴんしている

釣りあげられた魚が地面をぴちぴちと飛び跳ねている様子から、非常に活動的で元気がありエネルギッシュなことを表します。alive and well「生きて元気な」も同意表現です。

Has jazz gone completely out of fashion?

ジャズって完全にすたれたのかな?

Not at all. It's **alive and kicking** in New Orleans.

そんなことないよ。ニューオリンズでは**まだまだ生きている**よ。

018 all ears

全身を耳にして

▼

一心に耳を傾けている

ダンボの耳のように、全身を耳にして相手の言うことを聞いている様子を表し、be all earsの形で使われます。I'm all ears.といえば、「どうぞ言ってください」と相手に発言を促す表現です。earを用いた関連表現に、I have an ear for music.「私は音楽がわかる」、I have no ear for language.「語学のセンスがない」などがあります。

Hey, can I talk to you about my new product ideas?

ねえ、私が考えた新商品の案について話したいんだけど。

Sure, go ahead, I'**m all ears**.

もちろん**聞くよ**。

019 all eyes

全身を目にして

▼

目を皿のようにしている

びっくりした時や好奇心の気持ちから目を見開いた様子を表します。常に、be all eyesの形で使われます。All eyes are on ～「みんな～に注目している」の表現や関連表現のPlease keep an eye on my baggage.「私の荷物を（盗まれないように）見てて」も覚えておきたいですね。

The little kids were **all eyes** when the magic show started.

子どもたち、マジックショーが始まったら**目を皿のようにして**いたわね。

They were so cute.

可愛かったよね。

020 all Greek to me

私には全部ギリシャ語

▼

全然わからない、ちんぷんかんぷん

シェークスピアの『ジュリアス・シーザー』の中で使われたのが最初。ラテン語しか話せないローマ人がギリシャ語を聞いた時にちんぷんかんぷんであったことに由来します。ギリシャ語の代わりにヘブライ語（Hebrew）を使って、all Hebrew to meという表現もあります。

Can you understand anything he is saying?

彼が言っていること、何かわかる?

No, it's **all Greek to me**.

いや、**ちんぷんかんぷん**さ。

021

all moonlight and roses

月明かりとバラ

▼

楽しいこと

バラは人生の幸福や安楽をイメージさせ、all rosesで「楽しいことばかり」という意味ですが、これに「月明かりの」のmoonlightをつけall moonlight and rosesということもできます。通常は、not all moonlight and roses（楽しいことばかりではない）と、ネガティブな意味で使われることがほとんどです。

How's your parenthood going?

親になってどう?

It's not all moonlight and roses as I thought. I'm exhausted!

思っていたみたいに**楽しいことばかり**じゃないのね。もう疲れてぐったりよ!

022

all thumbs

全部親指で

▼

不器用である

もし、すべての指が親指のように太かったら、ものをつかむにもきちんとできず、不自由を感じることから生まれた表現です。

Are you OK? You're being very clumsy《[klʌ́mzi]》.

大丈夫?　なんかおっちょこちょいね。

I know! I don't know what's wrong with me, but I'm all thumbs today.

そうなんだよ!　僕、どうしちゃったんだろう。今日は**不器用人間**になっちゃっているんだ。

023 alley cat

路地のネコ

▼

売春婦

alleyは「路地」や「裏道」の意味で、alley catは「野良ネコ」です。野良ネコのように、客を求めて路地裏をうろつきまわる「売春婦」を意味するようになりました。

His sister has turned into a bit of an **alley cat** since that bad breakup. She's always hanging round at bars and picking up men.

彼のお姉さん、彼氏とのあのひどい別れ以降、**売春婦**みたいになっちゃったんだ。いつもバーで男探ししててさ。

That's really sad.

悲しいね。

024 an albatross around one's neck

[ǽlbətrɔ̀:s]

首の周りのアホウドリ

▼

頭痛の種

アホウドリは翼の長い水鳥で、南太平洋に多く生息し航海中にこの鳥が飛ぶと大時化《おおしけ》の前兆とされていたことに由来します。

Did you manage to sell your old car yet?

あなたの古い車、売れたの?

No, it's proving to be **a** real **albatross around my neck**!

いや、それが**頭痛の種**なんだよ。

025 an apple-polisher

リンゴを磨く人

▼

ごまをする人

アメリカで、給与の少ない熱心な先生へせめてもの気持ちとして、親がリンゴを贈る習慣があったことに由来します。リンゴをピカピカに磨き、点数を稼ごうとした者もいたようで、そこから上司や先生にお世辞を言う人をapple-polisherというようになりました。同意表現にass-kisser「尻にキスをする人」があります。

Tom is always complimenting his boss.

トムはいつも上司のことをほめてばかりいる。

Yeah, he is a real apple-polisher.

ああ、彼は本当の**ごますり**人間だね。

026 an early bird

早い鳥

▼

早起きする人

The early bird catches the worm.「早起きは三文の徳」という諺から生まれた表現です。「早起き」の反対に「宵っ張り」なら、a night owl（夜のフクロウ）です。ちなみに、「朝型の人間」ならa morning person、「夜型の人間」ならa night personです。

My kids are such early birds.

うちの子たち、すごく**朝早く起きる**のよ。

Try putting them to bed a little later.

もう少し遅く寝かせてみなよ。

027

an earworm

耳の虫

▼

頭にこびりついて離れない曲

CMソングのように、テレビなどで何度も流される曲や歌を聞いていると耳にこびりついて離れないことがありますが、そのような曲や歌をearworm（耳の虫）といいます。関連表現として、「本の虫」のa bookwormも覚えておきたいですね。

Are you a fan of Hitoto Yo?

一青窈さんのファンなの?

Yeah, her latest release is **a** real **earworm**.

うん、あの新曲は**頭から離れない**よ。

028

an egghead

卵の頭

▼

インテリぶった人

eggheadとはもともと、卵と似ていることから「ハゲ頭」の意味でした。1950年代に、アメリカ大統領候補のスティーブンソンという政治家がインテリで頭がハゲていたことから、彼や彼の支持者たちがeggheadと呼ばれ、転じて「インテリぶる人」とか「頭でっかちのインテリ」の意味で使われるようになりました。

George is so smart, isn’t he?

ジョージってすごく頭いいのね。

Yeah, he’s kind of **an egghead**.

ああ、ちょっと**インテリぶっている**奴だよ。

029 as American as apple pie

アップルパイのようにアメリカンな

▼

非常にアメリカ的な

日本で「おふくろの味」といえば味噌汁や煮物などを連想しますが、アメリカ人の「おふくろの味」はapple pieのようです。アップルパイはアメリカではデザートの代表格です。アップルパイ自体はヨーロッパから伝わったものですが、アメリカ人にとって母親の手作り料理の典型と考えられています。

What is your son like?

息子さんはどんなお子さんですか?

Since he was born and raised in America, he's as American as apple pie.

息子はアメリカ生まれのアメリカ育ちだから、**いかにもアメリカンな感じ**です。

030 as busy as a bee

ハチのように忙しい

▼

非常に忙しい

英米で「ミツバチ」は「勤勉」の象徴です。busyとbeeが韻を踏んでいます。He's a busy bee. なら「彼は働き者です」という意味です。beeの代わりに、beaverも使うことができ、こちらも、busyと韻を踏んでいます。また、work like a beaver / work like an ant / work like a dogも「あくせくと働く」という表現です。

Hi, Alice. I haven't seen you down at the pub recently.

やあ、アリス。最近、パブで会ってないね。

I know. I've been as busy as a bee.

そうね、ずっと**忙しい**の。

031

as cool as a cucumber

[kjúːkʌmbər]

キュウリのように爽やかな

▼

非常に冷静な、落ち着き払って

キュウリは占星術では冷たいものとされていますが、もともと水分を多く含んでいるため、切った時にみずみずしさを感じさせるものであることに由来します。また、coolとcucumberが韻を踏んでいます。Stay cool, calm and collected. こちらも韻を踏んだ「落ち着いてください」という表現です。

Sarah is serving for match point. I wonder if she is nervous.

サラはマッチポイントのサーブをしようとしているけど、緊張しているかな?

Don’t worry about Sarah. She’s **as cool as a cucumber**.

サラは心配いらないよ。すごく**落ち着いて**いるよ。

032

as flat as a pancake

パンケーキのように平べったい

▼

平たい、面白みのない

パンケーキ(pancake)とは日本語でいうホットケーキのことですが、英米では朝食にパンケーキを食べることが多いです。文字通り、パンケーキのように平べったいという意味で使う場合と、面白みがないという意味で使う場合もあります。

How was the party last night?

昨夜のパーティーはどうだった?

It was **as flat as a pancake**.

全然**面白くなかった**よ。

033 as happy as a clam

ハマグリのように幸せな

▼

とても楽しい、この上もなく幸せな

満潮時に泥の中に埋まっているハマグリは、人やその他の外敵から身を守る必要も食べられる心配もなく、平安そのものに暮らせることから生まれた表現です。as happy as a lark「ヒバリのように楽しい」も「とても楽しい」の同意表現です。関連表現に、shut up like a clam「突然、口を閉ざす」があります。

Is Damian still over there fishing?

ダミアンはまだそっちで釣りをしているの?

Yeah, he's as happy as a clam.

うん、**とても楽しそう**だよ。

034 as mad as a March hare

[héər]

3月の野ウサギのように狂っている

▼

まったく気が狂って

ルイス・キャロルの『不思議の国のアリス』に登場する「狂った帽子屋」と「狂った野ウサギ」が有名ですが、野ウサギはもともと「魔女の化け姿」を連想させ、また3月になると発情期を迎えることから、この表現は生まれました。as mad as a hatter「帽子職人のように狂っている」も同意表現です。

Your cat is going crazy today, isn't it?

君んちのネコ、今日はおかしくなっちゃっているね。

Yeah, it's as mad as a March hare.

ほんと、**気が狂った**みたいだよ。

035 as nutty as a fruitcake

フルーツケーキのように風変わりな

▼

気の変な、気がふれている

「木の実」のナッツ(nut)はスラングで、「頭のいかれた奴」とか「変人」という意味ですが、その形容詞のnuttyは外見や服装や言動が「風変わりな」という意味になります。フルーツケーキ(fruitcake)にはナッツ(nut)がたくさん入っていることから生まれた表現です。go nutsは「頭にくる」「激怒する」です。

John's new girlfriend is a bit odd, isn't she?

ジョンの新しい彼女、ちょっと変わってるね。

Yeah, she's **as nutty as a fruitcake**.

うん、すごく**風変りな子**だよ。

036 as poor as a church mouse

教会のネズミと同じくらい貧しい

▼

非常に貧しい

教会には他の場所と比べて食料の食べ残しなどが少なく、そこに偶然住みついたネズミもやせこけていることから生まれた表現です。ちなみに、非常におとなしいことを形容する場合にも、mouseを使って、as quiet as a mouseといいます。

Why don't we go for a drink tonight?

今晩、飲みに行かない?

I'd love to, but I can't. I'm **as poor as a church mouse** at the moment.

行きたいけど無理。今、**超貧乏**だから。

037

as sly as a fox

キツネのようにずる賢い

▼

ずる賢い、抜け目のない

日本語では狐というと、「化かす」「だます」のようなイメージがありますが、英語のfoxにはだますというイメージはなく、「ずる賢さ」を連想させます。as crazy as a foxも同意表現です。経験を積み世の中の裏も表も知り尽くしていて悪賢いことを「海千山千」といいますが、英語ではa sly old foxといいます。

What do you think of the new guy?

あの新人、どう思う?

I don't trust him. If you work with him, be careful, he's as sly as a fox.

信用しないね。一緒に仕事することになったら気をつけな。**ずる賢い**から。

038

as the crow flies

カラスが飛ぶように

▼

直線距離で

ほとんどすべての鳥に当てはまることですが、とくにカラスは目的地に向かう時にまっすぐ一直線に飛ぶ習性をもっていることから生まれた表現です。in a crow lineという表現もありますが、簡単にいえば、in a straight lineです。

How far is it from here to the airport?

ここから空港までどれくらいありますか?

It's about ten kilometers as the crow flies.

直線距離で約10キロです。

039 at a snail's pace

カタツムリのペースで

▼

のろのろと、のんびりと

英語で「カタツムリ」は怠惰の象徴で、as slow as a snail「非常に遅い」という表現もあります。snail mailというと「普通郵便」のことを指します。

How soon will you get here?

あとどれくらいでこっちに着く?

I have no idea. I'm traveling at a snail's pace because of the traffic.

わからない。渋滞で**のろのろ**走っているから。

040 at the drop of the hat

帽子を落として

▼

合図があると、すぐに

陸上競技の公式レースでは、On your mark.「位置について」、Get set.「よ〜い」の後に続くピストルの音で一斉にスタートします。一方、アメリカ西部時代には、決闘や殴り合いの開始の合図として、帽子を地面に落としていました。そこから生まれた表現が、at the drop of the hatです。

Are you coming to the drinks tonight?

今夜の飲み会来る?

No, I'm too busy. I can't just leave work at the drop of a hat.

いや、忙しくて。そんな**すぐに**仕事から出られないよ。

041 at the eleventh hour

11番目の時間に

▼

きわどいところで、土壇場で

『新約聖書』『マタイ福音書』20章の、ブドウ園で朝6時から夕方6時まで働いた人と、夕方の5時から6時の1時間だけ働いた人の賃金が同じなのに不平を言った労働者の話に由来します。the eleventh hourとは朝の6時から11番目の時間、夕方の5時のことで「ぎりぎりのところで」とか「土壇場で」という意味になりました。

The Japanese only just made it through to the final last night.

日本は昨晩の試合でなんとか決勝戦に行けることになったね。

Yeah, luckily, they managed to score at the eleventh hour.

ほんとに運よく、最後の**ぎりぎりで**点をとったよ。

042 backseat driver

運転席の後ろのドライバー

▼

余計なことに口出しをする人

「後部座席に座って、タクシーなどの運転手にいろいろと指示を出す人」が原義ですが、権限がないのに脇からいろいろと口出しをする人のことを表します。

Robert is always telling others what to do but never does anything himself.

ロバートはいつも他人には指図して、自分は何もしないわよね。

Yeah, I know what you mean. He's such a backseat driver.

ホントそう。**余計なことに口出し**ばかりするわよね。

043

baker's dozen

パン屋の1ダース

▼

13個

1ダースとは12個のことですが、中世のイギリスでは数や量を通常よりも少なく売る業者に罰則が与えられていました。そこで数を間違えないようにと、1ダースに1個を加えて13個のパンを販売していたことに由来する表現です。

How many people are coming to the party?

パーティーには何人来ますか?

About a **baker's dozen**, I guess.

13人くらいだと思います。

044

bark up the wrong tree

間違った木に向かって吠える

▼

見当違いのことをする

かつて狩猟犬はキツネやアライグマなどの獲物を木の上まで追い詰めて主人が来るまで吠え続けていましたが、獲物は時に別の木に移って逃れることがありました。そこから「獲物のいない間違った木に向かって吠える」が「見当違いのことをする」という意味になりました。通常、進行形で使われます。

I don't think his new idea is a good one.

彼の案は良くないと思うわ。

No, he's really **barking up the wrong tree**.

そうね、**見当違い**よね。

045 be born with a silver spoon in one's mouth

口に銀のスプーンをくわえて生まれる

▼

裕福な家庭に生まれる

かつて裕福なカトリック信者の家庭では、幼児洗礼式の際に名付け親が銀のスプーンを贈る習慣がありました。その贈り物がなくても銀のスプーンがあるような裕福な家庭に生まれるという意味です。小説『ドン・キホーテ』(セルバンテス)の中で使われ、この表現が一般的になったといわれています。

He's so spoiled. He doesn't know what it's like to have to work for a living.

彼はすごく甘やかされているわ。生活するために働く意味を理解していないもの。

I know. He **was** obviously **born with a silver spoon in his mouth**.

うん、明らかに**裕福な家庭に生まれた**人だよね。

046 be called on the carpet

絨毯の上に呼ばれる

▼

(権限のあるものから)呼びつけられて叱られる

元は軍隊用語で、軽い罪を犯した兵士が上官の部屋に行き、「気をつけ」の姿勢で上官から懲戒を受けました。その際、上官の部屋に絨毯が敷かれていたことに由来します。

You're very late home.

すごい遅い帰りね。

I **was called on the carpet** by my boss as I made a serious printing error.

僕が重大な印刷ミスをしたってことで、上司に**呼びつけられた**んだよ。

047

be snowed under

雪の下に埋もれる

▼

多忙である、圧倒される

なだれや家の屋根から落ちてきた雪に埋もれて身動きが取れない状態から生まれた表現です。単に「下に埋もれる」というbe buried underも同意表現です。

How's your new business going?

新しいビジネス、どう?

Great, but I've got so much work I'**m** completely **snowed under**.

うまくいってるけど、やることがありすぎて**多忙きわまりない**よ。

048

be tied up

縛られる

▼

手がふさがっている、忙しい

「縛りあげられる」が原義で、両手を縛られていて何もできない状態から「忙しい」という意味で使われる表現です。

Can you make it to the movie on Friday?

金曜日、映画に行けそう?

No, sorry. I'**m tied up** that evening.

ごめん、その夜は**忙しい**んだ。

049 be up with a lark

ヒバリと共に起きる

▼

早起きする

鳥の世界では、朝型の代表がヒバリ（lark）であることから生まれた表現です。オーストラリアではカラス（crow）を使いbe up with the crowといいます。欧米では、ヒバリの別名をskylarkといい、夜明けを告げる春の鳥として、快活・陽気・知恵の象徴とされます。

What time are you going to go surfing tomorrow?

明日、何時にサーフィン行くの?

Very early. I'm going to have to **be up with a lark**.

すごく早く出るよ。**早起き**しなくちゃ。

050 beat about the bush

やぶの周りをたたく

▼

遠回しに言う、なかなか要点に触れない

狩猟の際に、やぶの中に逃げ込んだウサギやキツネなどを、直接触れないようにやぶの周りをつついて追い出そうとしたことに由来します。beat around the bushということもできます。関連表現にbeat the bushes for「～をくまなく探す」もあります。

What did your boss say about the plan?

君の上司、あの計画について何て言っていた?

Well, he **beat about the bush** for half an hour without coming to the point.

それがさ、30分もぐだぐだ**遠回しに話していた**だけで、要点に触れなかったよ。

051 bee's knees

ミツバチの膝

とびきり良いもの

ミツバチは非常に器用で、人間でいえば膝に相当する部分を使って花粉を集めることから、このような表現が生まれました。bee'sとkneesが韻を踏んでいます。

Jane's just amazing, isn't she?

ジェーンってほんとすごいよね。

Yeah, she's the bee's knees.

うん、彼女はとびきり**素晴らしい**人よ。

052 behind bars

格子の後ろで

獄中で、刑務所で

牢獄のかんぬきや鉄格子などの後ろにいる状態から、「獄中で」という意味で使われる表現です。

What ever happened to Luke?

ルークはどうなったの?

I hear he's behind bars.

刑務所にいるらしいよ。

053 bell the cat

ネコに鈴をつける

▼

他人が嫌がることに進んで取り組む

天敵のネコの首に、近寄ってきたのがわかるよう鈴をつける提案を一匹のネズミがしたが、結局恐くて誰も実行しなかった、というイソップの寓話があります。この話から日本語では「ネコの首に鈴をつける」は「良い考えも実行しないと意味がない」を意味しますが、英語で「bell the cat」は「他人が嫌がることに進んで取り組む」ことを表します。

This task is really dangerous, isn't it?

この課題は本当に危険だよね。

Yeah, but someone has to bell the cat.

うん、でも誰かが**進んでやらないと**ね。

054 below the belt

ベルトの下に

▼

不正に、ルール違反の

ボクシングでトランクスのベルトよりも下を攻撃することは反則とされるルールから生まれた表現です。be動詞や「打つ、たたく」という意味のhitやstrikeなどの動詞と共に使われます。beltを使ったtighten one's belt「（ベルトを締めて）空腹を我慢しなければならない」も覚えておきたい表現です。

Rachel seems really upset with Andy.

レイチェルはアンディーに怒っているみたいね。

Not surprising really. What he said was a bit below the belt.

そりゃそうだよ。彼のあの言葉は**ルール違反**だろう。

055 beside the point

点の横に

▼

的外れの、別問題の

pointには「論点」「要点」「目的」「点数」「先端」などさまざまな意味がありますが、狙っていた目標物の横に矢が当たることから生まれた表現です。What he said was to the point.「彼の言ったことは要領を得ていた」も覚えておきたい関連表現です。

Dave hasn't done his homework because he says he needs to clean his room.

デイヴは、部屋を掃除しなくちゃいけないからって言って、宿題をやっていないんだ。

That's **beside the point**. He still needs to do his homework.

それは**別問題**でしょ。宿題はやらなくちゃ。

056 bite one's nails

爪を噛む

▼

悔しくて爪を噛む、イライラする

悔しさを我慢したり、いらいらしている時に爪を噛んだりする行為は洋の東西を問わない表現です。a nail biterなら「はらはらさせる映画や試合」の意味で、nail bitingなら「はらはらさせる」という意味の形容詞になります。

Have you got the letter from the college?

大学から手紙来た?

Not yet. I've been **biting my nails** since I submitted my application.

まだ。出願してから**イライラして待っている**わよ。

057

bite one's tongue

舌を噛む

怒りを抑える、口に出さない

舌を噛めば自然と言葉を発することができなくなるように、言いたいことや怒りの感情を抑えて表に出さないことを表す表現です。Hold your tongue! は、言いたいことがあっても「黙っていなさい!」です。

Did you tell Lucy that her cooking was terrible?

ルーシーに、料理が下手だって言ったの?

I almost did, but I managed to bite my tongue.

言いそうになったけど、抑えて**口には出さなかった**よ。

058

bite the bullet

弾丸を噛む

嫌な状況に敢然と立ち向かう、覚悟する

戦争中にケガをした兵士の手術を麻酔なしでする際に、弾丸を噛ませて痛みに耐えさせたことに由来します。ちなみに弾丸は可《か》鍛性《たんせい》があり、強く噛んでも歯が割れることがないことや、戦場では弾が容易に手に入ることから生まれた表現です。

Did you ask your boss about a promotion yet?

上司に昇進のこと聞いてみたの?

No, I haven't had the courage. I just need to bite the bullet and ask.

いや、勇気なくて。**覚悟して**聞いてみないとな。

059

bite the dust

ほこりを噛む

▼

(戦争で)死ぬ、(試合で)完敗する

戦争で、兵士が敵に倒された時に土ぼこりを噛む屈辱を受けたことから生まれた表現です。アメリカの西部劇での決まり文句です。ちなみに「西部劇」のことを日本語では「マカロニウエスタン」といいますが、英語では、spaghetti westernといいます。

Is that a new motorcycle?

それ、新しいバイク?

Yeah, my old one finally **bit the dust**.

ああ、前のはとうとう**ダメに**なっちゃって。

060

black and white

黒か白か

▼

善か悪か(の)、割り切った考え方(の)

日本語でも善悪について問う時に「白か黒か」と言いますが、英語も同様です。ただし順番は日本語とは逆で「黒」が先になり、black and whiteの語順になります。「白黒写真」(a black-and-white picture)のように、後に名詞を伴う場合はハイフンをつけます。また、in black and whiteは「口頭」に対して「文書で」の意味になります。

I think you're either for Trump, or you're against him.

トランプに賛成か反対か、どっちかだよ。

I don't agree. I don't think you should be so **black and white** about it.

そうは思わないな。そんな**割り切れる**ものじゃないと思うよ。

061

blow one's own horn

自分自身のラッパを吹く

▼

自画自賛する

昔も今も、外国の要人を迎える時には歓迎の意を表すのにラッパを吹きます。このことから、他人ではなく自分のためにラッパを吹くのは自画自賛を表し、謙虚さに欠け、あざけりの対象となります。イギリスではhornの代わりにtrumpet(トランペット)を使います。

Wow, good job fixing the computer!

わぁ、すごい！　パソコン直したのね！

Thanks. I don't want to blow my own horn, but I am pretty good at these things!

ああ、**自画自賛**するわけじゃないけど、こういうことはけっこう得意なんだ。

062

blow one's top

頭を爆発させる

▼

激怒する

火山の噴火をたとえた表現で、頭に血がのぼり爆発して吹き出しそうになるくらい腹を立てることから生まれた表現です。

What's up with you and John?

あなたとジョン、どうしたの？

We're not talking. We had a big fight and I completely blew my top!

口利いてないよ。ケンカしてさ、俺は**怒り爆発**だったよ。

063 blue blood

青い血液

▼

貴族の血統・貴族

8世紀～1492年頃まで、イベリア半島の大部分を北アフリカ系イスラム教徒のムーア人が支配していました。抵抗運動を続けていたキリスト教の貴族たちは自分たちの肌の白さを誇りに思い、血管が透けるほどの肌を「青い血」と呼ばれたことから、blue bloodが「貴族」の意味で使われるようになりました。

Have you met Jane's new boyfriend? He's very rich.

ジェーンの新しい彼に会った？　すごくお金持ちなのよ。

Yes, he's from a very old family. His father's a real **blue blood**.

うん、古い家系の出身よね。彼のお父様、真の**貴族の血統**よ。

064 blue ribbon

青いリボン

▼

最優秀賞・一等賞

ブルーリボン（blue ribbon）は「ガーター勲章」の絹の青いリボンのことでしたが、後にBlue Ribbon Prizeとして、優秀な映画や俳優に与えられるようになってから、芸術祭や競技会などで「最高の賞」の意味で使われるようになりました。ちなみに、2等賞はRed Ribbon Prize、3等賞はWhite Ribbon Prizeです。

That was an amazing cake!

ものすごくおいしいケーキだった！

Yes, a real **blue ribbon** winner!

ほんと、**最優秀賞**ものだな。

065 bread and butter

パンとバター

▼

生計の糧、必須のもの

かつての日本人にとって朝食に欠かせないものはご飯と味噌汁でしたが、欧米人にとってはパンとバターといってもよいでしょう。one's bread and butterの形で、「生計の糧」「収入源」「必須のもの」などの意味で使われます。a bread-and-butter issue「死活問題」のように形容詞的に使うこともできます。

How do you make your living?

生計はどうやって立てていますか。

I earn my bread and butter as a writer.

作家として**生計**を立てています。

066 break a leg

脚を折れ

▼

幸運を祈る、頑張って

かつて演劇の世界では、これから舞台に立つ人に向かって幸運を祈ることは不吉であるという迷信があったため、逆のことをいって送り出していたことから生まれた表現です。同意表現にgood luckがあります。

I'm off to my interview now.

じゃあ面接に行ってくるよ。

Hope it goes well. Break a leg!

うまくいくといいわね。**頑張って**！

067 break the back of～

～の背中を壊す

▼

最も厄介な部分を片づける

猛獣が獲物を追いかけ、最終的にその獲物の背中に噛みつくことによってハンティングを完了させることから生まれた表現です。

The office refurbishment《[rìfə:bɪʃmʌnt]》 is taking ages.

オフィスの改装、時間かかってるなぁ。

Yes, but it won't be long now. They've **broken the back of** it, I think.

ああ、でもあと少しだろう。**一番大変な部分は終わった**みたいだし。

068 break the ice

氷を割る

▼

(パーティーや会場で)話の口火を切る、座を打ち解けさせる

砕氷船《さいひょうせん》が船の運航を妨げる厚い氷を砕き、他の船がスムーズに航行できるようにすることから、氷のように冷ややかで重苦しい雰囲気を壊して、和やかなムードにするという意味で使われます。また、冬の間は井戸の水が凍るために、氷を割ってから水をくみ上げたことに由来するという説もあります。

This party is a real dud. No one's talking to each other.

このパーティー全然だめだな。誰も話してないじゃん。

Yeah, we really need someone to **break the ice**.

ああ、誰か**雰囲気を変える**奴が必要だよな。

069 breed like rabbits

ウサギのように繁殖する

▼

ネズミ算式に増える

英米ではウサギは「多産」を連想させる動物として知られています。日本語では「ネズミ算式に増える」のように、「ネズミ」を使うのが面白いですね。ちなみに、run like a rabbitと言えば、「一目散に逃げる」ですが、まさに「脱兎の勢いで逃げる」です。

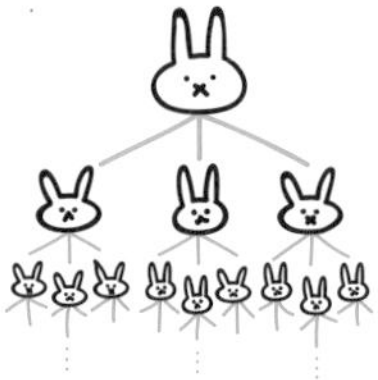

Tom and Karen are having another baby in November.

トムとカレンのところに11月にまた赤ちゃんが生まれるんですって。

Another one? They just breed like rabbits!

また？　あの2人、**ネズミ算式に増える**わね！

070 bring home the bacon

ベーコンを家に持って来る

▼

生活費を稼ぐ、試合に勝つ、成功する

かつて、スポーツの試合やコンテストなどでは、入賞すると賞品としてベーコンが与えられていたことに由来します。そのことから、bring home the baconは「生活費を稼ぐ」「働いてお金を持ち帰る」「勝利する」などの意味で、主に一家の稼ぎ手や大黒柱に対して使われるようになりました。

Which team won the game last night?

昨夜の試合はどっちのチームが勝ったの？

The Giants brought home the bacon.

ジャイアンツが**勝った**よ。

071 bring the house down

家を倒す

▼

満場の喝采を浴びる

観客たちの拍手喝采や笑い声などで、劇場が今にも崩れそうな状態になることから生まれた表現です。

How was the Rolling Stones gig last night?

昨夜のローリング・ストーンズのコンサート、どうだった?

Amazing! They may be old, but they can still bring the house down!

超良かったよ！　彼らも年取ったけど、まだまだ**会場を沸かせる**よ！

072 build castles in the air

空中に城を築く

▼

非現実的な空想にふける

空中に城を築くことは不可能ですが、そのようなとてつもない空想にふけることから生まれた表現です。in the airの代わりに、in the sky「空に」やin Spain「スペインに」などの表現もあります。日本語には「砂上の楼閣」や「机上の空論」などの表現があります。また、a house built on sandなら「砂上の楼閣」です。

I'm thinking of buying a house next year.

来年、家を買おうと思っているんだ。

Well, be realistic about your finances – don't build castles in the air.

自分のお金のことを現実的に考えなさいね、**空想にふける**んじゃなくて。

073 burn one's bridge

自分の橋を燃やす

▼

取り返しがつかなくなる、わざと自分を追い込む

古代ローマ時代、兵士たちの士気を高めるために、自軍が渡ってきた橋を燃やして背水の陣を敷いたことから生まれた表現です。burn one's boat（自分の船を燃やす）という表現もあります。

Did you manage to fix things with your client?

あの顧客との状況、もとに戻ったの?

No, she won't take my calls. I think I've really burned my bridges there.

いいや、電話にも出てくれないよ。もう**取り返しがつかなくなった**かも。

074 burn the candle at both ends

両端からロウソクに火をつける

▼

朝早くから夜遅くまで働く、無理をする

ロウソクの火を両端からつければ明るくなるはずですが、すぐになくなってしまうことから、本来は「浪費」を意味する表現でした。しかし今日では意味が和らげられて、人の健康状態を心配するニュアンスで使われます。

Peter, you look really tired today.

ピーター、今日は本当に疲れているようだね。

Yeah, I am. Lately, I've been burning the candle at both ends.

うん、そうなんだ。最近、**無理しちゃって**て。

075 burn the midnight oil

真夜中の油を燃やす

▼

夜遅くまで仕事（勉強）する

かつて電気の通っていなかった頃、ランプに火をともして真夜中まで精を出して勉強や労働をしていたことから生まれた表現です。

George, when is your math exam?

ジョージ、数学のテストはいつ？

Tomorrow. So I think I'll have to **burn the midnight oil**.

明日なんだ。だから**遅くまで勉強する**と思う。

076 bury [béri] one's head in the sand

砂に頭を埋める

▼

現実から逃避する、故意に忘れる

ダチョウが危険な状況に直面した際に、穴を掘って頭だけを隠す行動をとるという迷信あり、そこから生まれた表現です。同意表現に、play ostrich [ɔ́:stritʃ]（ダチョウを演じる）があります。

Do you believe in climate change?

気候変動は本当だと思う？

Absolutely! Anyone who doesn't is just **burying their head in the sand**.

もちろんさ！　嘘だと思うって奴らはみんな、**現実逃避してる**だけさ。

077

bury the hatchet

[hǽtʃɪt]

手おのを埋める

▼

仲直りする、戦いをやめる

北米先住民は戦闘や狩猟用に使ったトマホーク（tomahawk）という片手おの（hatchet）を土に埋めることによって和平を締結した習慣があり、このことから生まれた表現です。なお、大文字のTから始まるTomahawkはアメリカの巡航ミサイルのことです。

Are you still fighting with Sally? Isn't it time you made up and just buried the hatchet?

サリーとまだケンカしているの？　もういい加減やめて**仲直り**したら？

Yeah, you're probably right. I'll call her tomorrow.

そうだよな。明日、彼女に電話するよ。

078

button one's lip

唇にボタンをする

▼

黙る、秘密を守る

文字通り、唇にボタンをしてしゃべらないようにすることから生まれた表現です。ほかに、zip one's lip（唇にチャックする）や、put a cork in it（瓶の中にコルクを入れる）という表現もあります。

Oh man! I really wish I hadn't snapped at Charlie.

あぁもう！　チャーリーに怒鳴らなければよかったわ。

I know, you really need to learn to button your lip!

そうだよ、**黙る**ってことを学びなよ！

079 buy a pig in a poke

袋に入ったブタを買う

▼

物をよく調べずに買う、衝動買いをする

むかし、市場で袋にネコを入れて、ブタであると偽って売っている悪徳商人がいたそうですが、その中身をよく調べずにブタだと思って買ってしまった人がいたことに由来します。

This is that used car I'm thinking of buying.

これが、買おうと思っているって話した中古車だよ。

Well, make sure you inspect it properly. You don't want to buy a pig in a poke.

とにかくよく点検してから買いなさいね。**衝動買い**しないように。

080 by the skin of one's teeth

歯の皮の差で

▼

かろうじて、危ないところで

飼っていた動物をすべて盗まれ、子どもを亡くし、家が崩壊し、全身が傷だらけとなったが、歯の皮（首の皮1枚）で難を逃れた、という『旧約聖書』の『ヨブ記』に由来します。

Did you make it to the concert in time last night?

昨夜のコンサートに間に合ったの？

Only just! The traffic was terrible, but I made it by the skin of my teeth.

ぎりぎり！　すごい渋滞だったけど、**なんとか**間に合ったよ。

081 carrot and stick

ニンジンとムチ打ち

▼

アメとムチ

動物の調教師がエサを与えながら芸をさせるように、馬の大好物のニンジンとムチをうまく使い分けて馬を働かせることに由来します。a carrotだけで「励みとなるもの」や「報酬」の意味があり、hold out a carrotなら「報酬をちらつかせる」の意味になります。

How can I get the students to study hard?

生徒たちにどうやって一生懸命勉強させたらいいでしょうか。

I think you should use a **carrot and stick** approach.

アメとムチを使った方法がいいと思います。

082 cast pearls before swine

[swáin]

ブタの前に真珠を投げる

▼

ブタに真珠

もともとは『新約聖書』からの引用で、のちにシェークスピアやディケンズなどによって繰り返し使われた表現です。価値のわからない者に高価なものを与えても無駄であるという意味で、「ネコに小判」も同様の意味です。個々のブタはpigですが、総称的な意味でのブタはswineです。

I bought a diamond ring for Mary.

メアリーにダイヤの指輪を買ってあげたんだ。

That's like **casting pearls before swine**.

それは**ブタに真珠を与える**ようなものだよ。

083

cast sheep's eyes at ~

～に羊の目を向ける

▼

～に色目を使う

群れをつくり、羊飼いの支持に従って導かれる羊（sheep）には日本語と同様に、「従順、臆病、純粋、温和」などのイメージがあります。内気そうで潤んでいる羊の目、羊特有の流し目から生まれた表現です。castの代わりにthrowやmakeも使われます。

Did you see Mark last night? He was making a real fool of himself with Lucy.

昨夜のマーク見た？　ルーシーに対してバカみたいだったわよ。

I know! He was casting sheep's eyes at her all night!

見たわよ！　ひと晩中彼女に**色目使っていた**わよね。

084

catch ~ red - handed

赤く染まった手の～を捕まえる

▼

現行犯で捕まえる

文字通り、殺害した相手の返り血を浴びた犯人を捕まえることから生まれた表現です。関連語でcatch～on the spot（その場で捕まえる）という表現もあります。

Man, I'm in so much trouble! ／ What happened?

あぁ、困った状況になっちゃったよ。／どうしたの？

I was trying to sneak out for a drink, and my wife caught me red-handed.

こっそり飲みに出ようとしたら妻に**現行犯で捕まっちゃった**んだ。

085 catch ~ with one's pants down

ズボンをおろした状態の～を捕まえる

▼

～の不意を襲う

文字通り、ズボンをおろして用を足そうとしているところを襲うことで、相手の不意を狙って弱みを握ることから生まれた表現です。

I did a terrible job at the presentation today. I really made a fool of myself.

今日の俺のプレゼン、ひどかったよ。すっかり笑い者だよ。

Yeah, you need to prepare better next time, so you don't get caught with your pants down.

そうだな、**不意をつかれ**ないように、次はもっとちゃんと準備しないと。

086 catch forty winks

40回ウィンクをする

▼

昼寝をする、少し寝る

14世紀からwinkは「短い眠り」の意味で使われるようになり、今日でも、I didn't get a wink of sleep.「一睡もしなかった」のように、winkには「睡眠」の意味があります。しかし、なぜ40回なのかは不明で、40はキリスト教では神聖な数字とされていることと関係があるのかもしれません。

Oh, I'm exhausted. I had such a busy day at work today.

あぁ疲れた。今日は仕事がものすごく忙しかったよ。

Why don't you lie down then and catch forty winks before we go out?

出かける前に横になって**ちょっと寝**たら?

087

catnap

ネコの昼寝

▼

うたた寝

ネコは一日中眠っているような印象を受けますが、長時間の睡眠をすることはなく、警戒心からちょくちょく目を覚ましています。ここから、「うたた寝(をする)」とか「ひと眠り(する)」の意味で使われます。

You look tired. Why don't you take a break?

疲れてるようだね。一休みしたら?

Yeah, I'll take a **catnap**.

うん、ちょっと**ひと眠り**するよ。

088

chicken feed

ニワトリのエサ

▼

はした金、わずかの金

アメリカの西部開拓時代の農家では、売り物にならない少量の穀粒をニワトリのエサとして与えていたことから、ニワトリのエサの値打ちくらいしかない「安い給料」とか「小銭」の意味で使われます。

Did you get a decent pay raise this year?

今年はまともな昇給もらえた?

No, it was **chicken feed**! I don't know how I'm going to afford to go abroad this year.

スズメの涙ほどの額だったよ! これじゃ今年は海外に行く余裕なんてないよ。

089 cold shoulder

冷たい肩肉

▼

わざと冷たくあしらう

cold shoulderは「冷たい肩肉」のことですが、肩肉はもともとあまり好ましくない部分で、特に冷たいままでこれを客に出すのは、その客が歓迎されていないことを表すことから生まれた表現です。

Have you asked Jenny out on a date yet?

ジェニーをもうデートに誘ったのかい?

Yeah, but she's really giving me the cold shoulder. She won't return my calls or answer my emails.

誘ったけど、**冷たくあしらわれている**よ。電話にもメールにも返信ないし。

090 compare apples and oranges

リンゴとオレンジを比較する

▼

比較にならないものを比較する

リンゴとオレンジは色も形も味もまったく異なることから、比較しても意味のないたとえで使う表現です。like comparing apples and oranges「リンゴとオレンジを比べるようなもの」や、It's apples and oranges.「そんなの比較はできない」のような形で使うことが多いです。

Which do you prefer, the dress or the pants?

このドレスとズボン、どっちのほうが好み?

Well, I can't really say – that's like comparing apples and oranges!

うーん、どっちとも言えないな。その2つを**比較はできない**よ。

091

cool one's heels

かかとを冷やす

▼

長く待たされる、待ちくたびれる

この場合は、人間のかかとのことではなく馬のかかとのことを指しています。かつて馬に乗って長距離を移動していた時代、馬の蹄《ひづめ》が熱くなると冷えるのを待たなければならなかったことから、この表現が生まれました。約束していたのに待たされた時などに使います。

You're late!

遅い！

Yeah, well, the train was delayed. I was **cooling my heels** at the station for almost an hour.

うん、電車が遅れたんだ。駅で1時間近く**待たされた**んだよ。

092

copycat

まねをするネコ

▼

まねっ子

人の行動・服装・作品などをまねる人のことで、Don't be a copycat! といえば、子どものはやし言葉で、「やあい、まねっこ」のような意味になります。

Why are you so annoyed with Mary?

なんでメアリーにそんなに怒っているの？

She's just such a **copycat** – she's bought a new handbag just like mine!

彼女すごい**まねっ子**。私のとそっくりのハンドバッグを買ったの！

093

cost ~ an arm and a leg

片腕と片足を犠牲にする

▼

法外な金がかかる

cost は「cost + O（人）+ O（物、事）」の形で目的語を2つ取り「人の～（物、事）を犠牲にする」という意味があります。この表現は、人の体の一部を犠牲にして払わなければならないほど非常に高価で貴重なことを表す表現です。

How do you like my new shoes?

私の新しい靴、どう?

Wow, they're amazing! They must have cost you an arm and a leg!

うわぁ、素敵ね！　**ものすごく高かった**でしょう！

094

couch potato

ソファーのポテト

▼

カウチポテト

ポテトチップスを食べながらじっと座っていたり、寝そべってテレビばかりを見たりしている人のことを指す表現です。

I thought you were dating that guy you met at the cafe.

カフェで会ったっていうあの人とつき合っていたんじゃないの?

No, he was such a couch potato I broke up with him.

ううん、**カウチポテト**だったから別れたわ。

095 crash the gate

門を壊す

▼

（招待されていないのに）押しかける

パーティーやコンサートなどに招待されていないのに、参加したいあまりに門を壊して中に乱入したことから生まれた表現です。

You used to be able to **crash the gate** at any outdoor music festival, but you really can't now.

昔はどんな野外音楽フェスティバルでも**忍び込めた**のに、今はできないよね。

Yeah, the security is very heavy.

そうだね、警備がすごく厳しいからな。

096 crocodile tears

ワニの涙

▼

そら涙

クロコダイルは獲物をおびき寄せたり、獲物を食べたりする時に涙を流しますが、このワニの涙は感情表現ではなく、目からこぼれた涙が口の中に入って食べ物を飲み込みやすくする1つの手段と考えられていた俗信に由来します。「そら涙を流す」なら cry crocodile tears です。

Why is she crying?

どうして彼女は泣いているの？

Don't worry. They are only **crocodile tears**.

心配しないで。ただの**そら涙**だから。

097 cry over spilled milk

こぼれたミルクのことで泣き叫ぶ

▼

済んだことをくよくよする

こぼれたミルク(spilled milk)は「済んでしまったこと」のたとえで、そのことをくよくよしてももとには戻らないことから生まれた表現です。spilled は spilt でもOKです。

I'm really sorry about breaking your plate.

お皿を割ってしまって本当にごめんなさい。

Oh, that's OK. There's no point crying over spilled milk.

いいのよ、**済んだことをくよくよしても**しょうがないわ。

098 cry wolf

オオカミと叫ぶ

▼

人騒がせな嘘をつく、不必要な助けを求める

イソップの寓話で、人の注意を引くために「オオカミが来たぞ!」と何回も嘘をついたために、本当にオオカミが来た時に誰にも信じてもらえなかった少年の話に由来します。オオカミ(wolf)は英語では、as greedy as a wolf「非常に貪欲な」という表現があるように、貪欲の象徴です。

Mom, there's something strange under the desk.

ママ、机の下に何か変なものがいるよ。

Stop crying wolf and go back to bed.

人騒がせな嘘はやめてベッドに戻りなさい。

099 cut corners

隅や角を切り落とす

▼

手抜きをする

かつて、荷馬車が角を曲がる時にショートカットすることから、楽をしたり手抜きをしたりすることを表します。ビジネスシーンでは、経費や労力を削減して仕事の質を落とすことを表します。

The finish of the painting is pretty poor.

このペンキ塗りの仕上がり、けっこうひどいなぁ。

I'm sure the painter decided to just **cut corners**.

塗装屋が絶対**手抜き**したな。

100 don't judge a book by its cover

表紙で本を判断するな

▼

人を見た目で判断するな

本の中身を確かめず、表紙のデザインやタイトルだけで買ってしまう人がいるように、見た目だけで判断する人に対して発する忠告表現です。

I'm not sure about this restaurant.

このレストラン、なんかあまり良くなさそうだけど。

I know the pictures on the menu are not great, but **don't judge a book by its cover**. The food is really good.

メニューの写真は良くないけど、**見た目で判断しない**で。本当においしいの。

101 donkey's years

ロバの数年

▼

何年もの間、久しく

donkey's yearsとは、ロバのlong ears（長い耳）とlong years（長年）とをかけた言葉遊びから生まれた表現です。ちなみに、米国民主党のシンボルはロバ（donkey）ですが、ロバにはdonkey workという言葉があるように、きつくて単調な仕事、というイメージがある一方で、強情な（as stubborn as a donkey）イメージもあります。

Wow, look at this house!

うわぁ、見て、この家！

I'm sure it hasn't been updated for **donkey's years**.

絶対もう**何年も**改装されてないね。

102 dot the i's and cross the t's

iに点を打ち、tに横線を引く

▼

細かい点に注意を払う

かつて公文書などはすべて手書きで、iの点やtの横線の書き忘れが多かったため、このような表現が生まれました。関連表現に、mind one's P's and Q's（言動に注意する）があります。かつての活版印刷では、左右が反転した活字を組んで版を作っていて、pとqが間違いやすかったことによります。

As a director, I need to **dot the i's and cross the t's** at every function.

ディレクターとして、どんな催しも、**細かいところまで注意を払わなければ**いけないの。

I don't think I could do your job.

私にはできない仕事だわ。

103 down the drain

排水溝に流されて

▼

無駄になって、浪費されて、失われて

水が貴重な地域では一度使った水を何度も再利用しますが、そんな水も排水溝に一度流されてしまったら再利用することができなくなってしまうことから生まれた表現です。

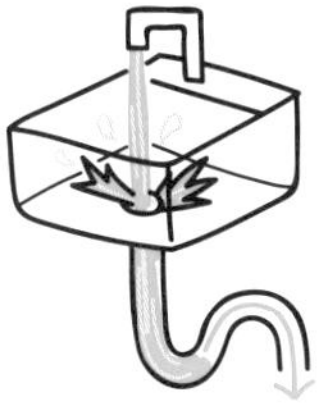

What a scandal!

すごいスキャンダルだね！

Absolutely. His reputation《[rèpjutéiʃən]》 is really going **down the drain**.

まったくだよ。これで彼の評判も**失われた**な。

104 down the road

道を下って

▼

将来

この場合のdown the roadは「道の下に」という意味ではなく、「道の先に」という意味です。downは中心から離れて行くことを暗示しますが、道(road)を人生にたとえて、これから先のこと、つまり将来を表しています。down the lineともいいます。

Mary has no interest in savings and just spends all her pay on partying.

メアリーは貯蓄ってことに全く関心なしで、お給料を全部遊びに使うのよ。

She sure will struggle **down the road**.

将来きっと苦労するね。

105 drag one's feet

足を引きずる

▼

のろのろする、ぐずぐずする

文字通り、両足を引きずって歩くようにぐずぐずする、という表現です。足(feet)の代わりに、かかと(heels)にしても同じ意味になります。

How did your daughter's first week in school go?

娘さん、学校の最初の1週間はどうだった?

She already doesn't want to go and drags her feet to get ready in the morning.

すでに行きたくないって言って、朝の準備も**ぐずぐず**よ。

106 draw the line

線を引く

▼

制限を設ける、してはいけないと言う

かつて、遺産相続などで土地を分割する際に、土地に境界線を引いて所有者を区別し、土地の所有者をはっきり示したことに由来します。また、16世紀、ヘンリー8世の時代からイギリスではテニスが行われていましたが、コートの境界に線を引いたことから生まれたという説もあります。

I can't stand the way my teenage son speaks to me.

うちのティーンエイジャーの息子の私への口の利き方、もう耐え難いわ。

Although it's normal, you still need to draw the line.

普通ではあるけど、それでも**いいこととだめなことは、はっきり言わ**ないと。

107

draw the short straw

短いわらを引く

▼

貧乏くじを引く

かつて、くじ引きにわらを使っていたことに由来します。短いわらを引いたらはずれ、長いわらを引いたら当たりだったため、短いわらを引くことが「貧乏くじを引く」という意味になりました。

How was your weekend?

週末どうだった?

Exhausting. I **drew the short straw** and had to babysit our kids and my sister's.

超疲れたよ。**貧乏くじ引いちゃって**さ、うちの子どもたちと姉貴の子どもたちの子守りさ。

108

drink a toast

トーストを飲む

▼

乾杯する

15世紀のイギリスでは、ワインなどの酒に風味を添えるために、キツネ色に焦がしたトーストをつけて飲む習慣がありました。その際に、“Toast!”と言いながら飲んだので、toastに「乾杯」や「祝杯」という意味が生まれました。

Let's **drink a toast** to her success.

彼女の成功を祝して**乾杯**。

Cheers!

乾杯!

109 drop ~ like a hot potato

〜を熱いジャガイモのように落とす

▼

〜をさっと捨てる

一度熱くなったジャガイモは冷めるのに時間がかかるため、熱いジャガイモを受け取った時には思わず手から離してしまうことに由来します。単に、a hot potato なら、誰もが扱いたがらない「難問」の意味になります。

How was the politician treated after the scandal?

スキャンダルの後、その政治家はどう処分されましたか?

Of course, the party dropped him like a hot potato.

もちろん、政党は**彼をさっさと見捨てました**よ。

110 duck soup

カモのスープ

▼

いいカモ、朝飯前

カモは動きが鈍く、座っているカモなら簡単に捕まえることができることから sitting duck は「格好の標的」とか「いいカモ」という意味ですが、duck soup（カモのスープ）にも同じように、「いいカモ」とか「朝飯前」という意味があります。

I don't know how you managed to cater for 20 people at such short notice.

あんな急なお願いで20人分の賄いなんて、どうやったのか私には理解できないわ。

It's duck soup. The key is to keep it simple and avoid complicated recipes.

簡単だよ。秘訣は、とにかくシンプルに、複雑なレシピは避けるってこと。

111 eat ~ for breakfast

～を朝食に食べる

▼

～を簡単に負かす、～を支配する

1日のうちで朝食は最も簡単に済ませることが多いことから、論争やケンカなどで相手を簡単に負かす表現です。

We have so many arrangements to make for this business trip.

この出張は、手配しておかなきゃいけないことがたくさんあるんだよ。

Leave it to my secretary. She **eats** jobs like that **for breakfast**.

僕の秘書に任せなよ。彼女はそういうの、**簡単にやっちゃう**から。

112 eat crow

カラスを食べる

▼

しぶしぶ誤り（失敗）を認める

19世紀初頭の英米戦争時、アメリカ将校が敵陣で、死んだカラスを無理やり食べさせられたことに由来するといわれています。ネガティブなイメージをもったカラスを食べさせられることは屈辱的であることから、しぶしぶ自分の誤りを認めるという意味をもつようになりました。

The Dragons are going to beat the Giants tomorrow.

明日、ドラゴンズはジャイアンツに勝つからね。

No way. I'm sure you'll be **eating crow** tomorrow.

まさか。明日、**自分の誤りを認める**ことになるよ。

113 face the music

音楽に顔を向ける

▼

批判・罰を甘んじて受ける

アメリカの南北戦争で、将校が懲戒免職を受ける際に、太鼓を鳴らして追放したことに由来するという説と、役者が舞台でオーケストラのピットがある方向、つまり観客のほうに顔を向けることから生まれたという説があります。

I shouldn't have sneaked out of school.

学校を抜け出すべきじゃなかった。

Well, you did, so now you have to **face the music**.

でもしたんだから、**罰を受けなきゃ**ね。

114 fall on one's feet

足をついて落ちる

▼

うまく切り抜ける、うまく行く

ネコはどんなところから落ちても4つの足を地面につけて着地しますが、ここから、物事をうまく切り抜けることを表します。stand on one's own feet「独り立ちする」も関連表現として覚えておきたいですね。

I hope Julia is OK after losing her job.

ジュリア、仕事を失って大丈夫だといいけど。

I'm sure she'll find another job soon. She always **falls on her feet**.

きっとすぐに新しい仕事が見つかるわよ。彼女いつも**うまく切り抜けて**やっているから。

115

fat cat

太ったネコ

▼

金持ち、資産家

fat walletといえば、「お金のたんまり入った財布」のことですが、そこから派生して、1920年代のアメリカの選挙で立候補者に多額の献金をした金持ちをfat catと表現するようになり、のちに一般的な表現として定着しました。ネガティブなニュアンスで使われることが多いようです。fatとcatが韻を踏んでいます。

What is your grandpa like?

おじいちゃんはどんな人?

He's a **fat cat**.

資産家だよ。

116

feather in one's cap

帽子についている羽

▼

自慢の種、人の誇り

兵士が敵を殺すと、ほうびに羽をもらうという習慣がありましたが、この羽はヘルメットやヘッドギアにつけ、1つのステイタスシンボルと考えられていたことに由来します。関連の諺にFine feathers make fine birds.「馬子にも衣裳」があります。

We're proud that Henry has been appointed to that new post.

ヘンリーがあの職に任命されて、誇りに思っているの。

You should be! That's a real **feather in his cap**.

そりゃあそうよ！　本当に**名誉なこと**だもの。

117

fifth wheel

5番目の車輪

▼

邪魔者

文字通りの意味は「5番目の車輪」、つまり「四輪馬車の予備の車輪」やトレーラーに連結するための「補助装置」のことです。ここから転じて、無用の長物とか邪魔者などの意味で使われるようになりました。関連表現 として sit behind the wheel「運転席に座る」も覚えておきましょう。

How was the party?

パーティーどうだった?

I didn't realize it would be full of academics. I felt like a **fifth wheel**, unable to join in any of the conversations.

教授や研究職の人ばかりなんて知らなかった。会話に全然入れず**お邪魔虫**だったわ。

118

fight like cats and dogs

ネコとイヌのように戦う

▼

激しいケンカ(口論)をする

仲が悪いことを日本語では「犬猿の仲」といいますが、英語ではイヌとネコが激しくほえ合ってケンカをしている様子をイメージします。夫婦がいつもケンカばかりしていてお互いがいがみ合っているのは lead a cat-and-dog life といいます。

Mike and Suzy have decided to separate.

マイクとスージーが別れることにしたんだって。

It sure was painful to watch them **fight like cats and dogs** all the time.

いつも**激しいケンカになる**のを見るの、確かに辛かったわ。

119 find a needle in a haystack

干し草の山から1本の針を探す

▼

見つかる希望のないものを探す、無駄骨を折る

文字通り、大きな干し草の中から小さな1本の針を探し出すことはほとんど不可能であることから生まれた表現です。findの代わりに、look for や search でもOKです。

Mom, I can't find my purse.

お母さん、バッグが見つからないの。

I'm not surprised. Trying to find anything in your messy room is like trying to **find a needle in a haystack**!

そうでしょうね。あなたの散らかった部屋で探し物なんて、**至難の業**でしょう！

120 fly off the handle

取っ手を飛ばす

▼

かっとなる、自制心を失う

アメリカの西部開拓時代に使われた表現で、手作りのおのを振り回しているうちに、取っ手からいきなり外れることがあったことから生まれた表現です。

Did you see the candidate **fly off the handle** during the debate yesterday?

昨日の討論会で、候補者が**かっとなって怒った**の、見た？

It was embarrassing to watch, wasn't it?

見ているほうが恥ずかしかったよね。

121

fly under the radar

レーダーの下を飛ぶ

気づかれないで

レーダー（radar）はradio detecting and rangingの略語で、無線で探知し射程を定めることに由来しますが、レーダーの下を飛ぶことから、「人に知られずに」とか「人に気づかれずに」の意味で使われます。

I didn't know Jim and Laura had broken up. And I always know all the gossip!

ジムとローラが別れたって知らなかったわ。私、いつも噂話は逃さないのに！

Well, that news must've flown under the radar.

そのニュースだけは君に**捕まらずに逃れられたって**わけだ。

122

follow one's nose

鼻の後ろについて行く

まっすぐに行く、本能のまま行動する

イヌがにおいを頼りに地面に鼻をつけて前進することから、鼻が向いている前方をまっすぐに進むことに由来する表現です。

I've always followed my nose when I get a funny feeling about a man.

相手の男がなんか変だって感じる時は、いつも**その感覚に従う**ようにしているの。

That must help you avoid going out with the wrong guys.

それなら危ない男とつき合うのを避けられるわね。

123 follow suit

同じ組の持ち札に続く

▼

先例にならう

トランプの組札にはハート(hearts)、ダイヤ(diamonds)、クラブ(clubs)、スペード(spades)の4種類がありますが、同じ組の札をsuitといいます。follow suitは別の人が出した札と同じ種類の札を出すことです。ここから、「先例にならう」という意味になりました。

I tried this new technique to get the children to calm down in the class, and it's really making a difference!

クラスの子供たちを落ち着かせるのに、この新しい方法っていうのを試してみたら、すごい効き目なの！

Oh, I'll have to follow suit.

へぇ、私も**やりたい**わ。

124 for Pete's sake

ペテロのために

▼

お願いだから

Pete'sはPeter'sの略で、キリストの12使徒の一人であるペテロのことです。for God's sake「お願いだから」を比較的穏やかに伝える表現ですが、通常は、イライラした気持ちを表すのに使われます。for goodness sakeも同じ意味で使われます。

Oh for Pete's sake, first they told me 3 days to fix my car, then a week, and now 2 weeks!

まったくもう、車の修理に最初は3日で、次は1週間、今度は2週間だって！

Why don't you try a different mechanic?

違う整備士を探したら？

125 for the birds

鳥のために

▼

ばかげている、重要でない

鳥のエサが微々たるものであることから生まれたという説と、鳥は馬の糞の中にある種子をエサにすることに由来するという説があります。ちなみに、eat like a birdといえば小鳥がついばむように少ししか食べない様子から「小食である」という意味になります。

The public transportation is so good in this city, cars are kind of for the birds.

この街の交通機関はすごくいいから、車はなんか**ばからしい**よな。

Not when you've got tons of shopping, though.

たくさん買い物を持って帰らなくちゃいけないときはそうでもないでしょう。

126 from soup to nuts

スープからナッツへ

▼

最初から最後まで、一部始終、詳細に

ディナーのコース料理では最初にスープが出され、最後にナッツをまぶしたデザートが出されることが多いことから「最初から最後まで」という意味でアメリカで使われるようになった表現です。これは、from eggs to applesやfrom potage to cheeseとい表現を経て、20世紀半ばごろから定着したといわれています。

Are you a big fan of Bigbang?

ビッグバンの大ファンなの?

Yes, I know everything about the group from soup to nuts.

うん、あのグループについては**何でも詳しく**知っているわよ。

127 full of beans

豆でいっぱいの

▼

元気いっぱいで

豆にはタンパク質・ビタミン・ミネラル・炭水化物などの栄養素がバランスよく含まれているうえに、ポリフェノールや食物繊維が豊富な健康食品ですが、この表現は、疲れた馬に豆をたくさん与えると元気を取り戻したことに由来します。

Hi, Mike. How are you?

やあ、マイク、調子はどう?

I'm **full of beans** this morning.

今朝は**元気いっぱい**だよ。

128 get a foot in the door

ドアに足を入れる

▼

うまく潜り込む、目的に向かって第一歩を始める

ドアに片足を入れればドアは閉まることはなく、逆にドアを開けるチャンスができます。この表現は主にビジネスの世界で、将来の成功につながるような足掛かりをつかむことを表します。get a toe in the door「ドアにつま先を入れる」も同意表現です。

It's such a small role.

すごく小さな役だよ。

Yes, but it will **get your foot in the door** as an actor.

そうだけど、俳優としての**第一歩**じゃない。

129

get cold feet

冷たい足をもつ

▼

怖じ気づく

不安、恐怖、緊張などが原因で足が震えたり、冷たくなったりすることから生まれた表現です。

The wedding was supposed to start almost an hour ago.

結婚式、1時間前に始まるはずだったわよ。

Maybe the bride has got cold feet.

お嫁さんが**怖じ気づいた**んじゃないか?

130

get goose bumps

ガチョウのコブをもらう

▼

鳥肌が立つ

「鳥肌が立つ」という表現は、最近では「感動して鳥肌が立つ」のように使う人も多くなりましたが、本来の意味は、寒さや恐怖心で「鳥肌が立つ」というのが正しい表現です。英語では、ガチョウ(goose)という具体的な鳥の名前で表現します。

It's such a relief that he's been arrested.

奴が捕まって安心したよ。

It is. I get goose bumps thinking that he was in this neighborhood.

ホントよね。この辺りに潜伏していたって考えると**鳥肌が立つ**わ。

131

get off someone's back

人の背中から降りる

▼

邪魔をしない、人のあら探しをやめる

誰かの背中に乗って監視している人が、その人の背中から降りて監視をやめることから生まれた表現です。

My next-door neighbor is always complaining about my noise.

うちの隣人、うちがうるさいっていつも文句言ってくるの。

Just tell him to **get off your back**.

放っておいてくれって言いなよ。

132

get off to a flying start

飛ぶようなスタートを切る

▼

好調なスタートを切る

ここでいうflying startとは、ヨットレースでスタートラインよりも手前から助走をつけてするスタートのことで、get off to a flying startとは「助走をつけて順調にスタートを切る」という意味です。

Have you had many orders coming in?

注文たくさん来ている?

Far more than expected. Our business **got off to a flying start**.

予想していたよりうんとね。ビジネスは**いいスタートを切れた**よ。

133 get someone's goat

人のヤギを取る

▼

人を怒らせる

20世紀当初のアメリカで、競馬の前日に厩《きゅう》舎にヤギを入れておくと馬の気持ちが落ち着く効果があると考えられていました。ところが、悪い馬主が現れて、ライバルの馬のいる厩舎からヤギを盗んで馬の気持ちを落ち着かせなくし、レースに勝てないようにしたことから生まれた表現です。

What's wrong?

どうしたの？

Nothing really. It's just my sister Jane – she really gets my goat.

何でもないわ。ただ妹のジェーンのことなの。本当に**腹が立つ**のよね。

134 get the boot

長靴をもらう

▼

解雇される

give the door a bootというと「ドアを強く蹴る」という意味がありますが、かつて、アメリカの軍隊では長靴を使って叩くという懲罰があったことからget the bootが「解雇される」という意味になりました。同意表現の、I got fired.「首になった」もよく使われます。

You're going to get the boot if you make another error in the accounting.

経理でまた間違いをしたら**首になる**ぞ。

I know that.

わかっているよ。

135 get up on the wrong side of the bed

ベッドの違う側から起きる

▼

機嫌が悪い

英語で「不吉な」という意味の形容詞は sinister ですが、この語は「左利きの」という意味のラテン語に由来します。当時は左にあるものはすべて不吉で縁起が悪いものとみなされていました。朝ベッドから起きる時も、左側から降りると縁起が悪いと信じられていたようです。イギリスでは、get out of bed on the wrong side ともいいます。

Dad must've **got up on the wrong side of the bed** this morning. He's so grumpy.
[grʌ́mpi]

お父さん、朝からすごく**機嫌が悪い**わ。とっても気難しいの。

Just ignore him.

無視して。

136 give ~ a leg up

～の足を上げる

▼

～を助けてやる

人に手を貸して馬の鞍に乗せてあげることから生まれた表現です。

I've decided to send my son to an after-school math class to **give** him a bit of **a leg up**.

勉強の**助けになる**と思って、息子を放課後の数学クラスに入れてみることにしたの。

I think that's a good idea.

いい考えだと思うよ。

137

give ~ the finger

～に指を与える

▼

人に中指を突き立てる

自分の手の甲を相手に向けて中指を立てることは男性器を表したもので、欧米では最大級の侮辱や攻撃のサインとみなされます。

I saw this driver driving so dangerously I yelled at him. Then he gave me the finger.

すごく危ない運転をしてる人を見たから怒鳴ったの。そしたら**中指立ててきた**のよ。

It's surprising how rude people can be sometimes.

時々すごく無礼な人がいてびっくりだよね。

138

give me five

5つください

▼

手を出して！　ばっちり！

野球でホームランを打った選手をベンチでハイタッチをして迎える光景をよく目にします。この時、打った選手にかける言葉がGive me five! です。five とは5本の指のことです。手を頭上で合わせれば、日本ではハイタッチといわれている high five、下のほうで合わせれば、low five です。また、両手を使えば、Give me ten! です。

Mommy, I received an outstanding effort certificate at school today.

ママ、僕、今日学校で努力賞をもらったんだ。

Good job, Tommy! Give me five!

トミーすごいじゃない！　**やったわね**　！

139

go bananas

バナナになる

▼

かっとなる、頭がおかしくなる

「おかしくなる」「かっとなる」「熱狂する」などの意味で使われていた「going ape」から発展した表現といわれています。この「ape」が「猿」ひいては「バナナ」を連想させ、go bananas へと進化し、同じ意味で使われるようになりました。ただし、バナナ(banana)は白人側につく東洋人を揶揄する表現でもあるため、あまり良い意味では使われない表現です。

What is your new boss like?

新しい上司はどんな人?

I don't like him very much. He **goes bananas** over small issues.

あまり好きじゃないね。ちょっとのことですぐに**カッとなる**から。

140

go Dutch

オランダで行く

▼

割り勘にする

17～18世紀オランダとイギリスは不仲で、英語でオランダの国民性を揶揄する表現がたくさんあり、これもその一つです。通常男女間のデート代は男性が払うとされていて、それを女性が半分もったとき「オランダ式もてなしを受けた」と使ったことが由来です。今では差別的な表現のためあまり使われず、Let's split the check(bill).が一般的です。

Let me get this.

ここは僕が払うよ。

No, no. Let's **go Dutch**.

だめだめ、**割り勘に**しましょう。

141 go to bed with the chickens

ニワトリと一緒に寝る

▼

早く寝る

ニワトリは夕刻に太陽が沈むと同時に小屋に戻って寝るということから生まれた表現です。chickensと複数形を使うことに注意しましょう。chickenとすると「鶏肉」の意味になってしまいます。

My host family goes to bed with the chickens.

私のホストファミリー、**すごく早く寝る**のよ。

That sounds boring.

それってつまらなそう。

142 green with envy

ねたみで緑に

▼

ひどくねたむ

green（緑）はもともと、「活気のある若さ」を示し、未熟さや嫉妬深さなどを連想させる色です。シェークスピアの戯曲『アントニーとクレオパトラ』の中で、「嫉妬心」をthe green sicknessと表していることに由来しています。

My son gets green with envy when it's not his birthday party.

息子は自分の誕生パーティじゃないと**すごく嫉妬しちゃう**のよ。

That's hard.

それは大変ね。

143
handle ~ with kid gloves

子ヤギの皮製手袋で～を扱う

▼

～を慎重に取り扱う

子ヤギの皮は柔らかくて繊細なので、それで作った手袋は高級品であることから生まれた表現です。

I'm meeting up with Sally for coffee this afternoon.

午後にサリーとお茶するの。

Make sure you handle her with kid gloves. She's still very sensitive after the divorce.

気をつけてね、彼女、離婚以来まだすごく傷つきやすいから。

144
hang by a thread

糸一本でつるす

▼

非常に危ない

デュオニュソス王はおべっか使いの廷臣を諭そうと、ある日、彼のために酒宴を開き、彼を王座に座らせた。廷臣が頭上を見ると、たった一本の細い糸につながれた大きな剣が彼の頭めがけて吊るされているのに気づいた。その時、彼は権力と幸福には保証がないという王の教えを悟った、というギリシャ神話の話に由来する表現です。

I've heard the funding has been cut off.

資金支援が停止になったって聞いたよ。

Yes. Our project is hanging by a thread now.

そうなんだ。僕らのプロジェクトは**危ない状況**だよ。

145 # hang in there

中にぶら下がる

▼

頑張る

ボクシングで相手のパンチを受けて今にも倒れそうな時に、相手の肩にもたれるように抱きついたり、ロープにもたれかかったりする様子を言い表したものです。辛い状況や困難に立ち向かって切り抜けようとしている人に言って励ます表現です。

I thought living abroad would be fun and exciting, but it's not.

海外に住むのってエキサイティングで楽しいと思っていたけど、そうじゃないわ。

Hang in there. I'm sure you'll start to enjoy it soon.

頑張って。すぐに楽しくなってくるわよ。

146 # hang on to your hat

帽子につかまりなさい

▼

しっかりつかまってください、驚かないでください

「これからあなたをびっくりさせるようなことをするから、帽子が飛ばないようにしっかりつかまってください」と言った人がいて、そこから生まれた表現です。

Hang on to your hat. We're going to reveal what I've been working on.

びっくりしないでね、私がやっていたことをお披露目するから。

Should I be excited or worried?

楽しみにしたほうがいい？　心配したほうがいい？

147 have ~ by the balls

~のたまをつかむ

▼

~を思い通りにできる

I took him by the arm. なら「私は彼の腕をつかんだ」ですが、have ~ by the balls は男性の急所をつかんで自分の思い通りにさせることから生まれた表現です。

Mark and Lisa are such cute newlyweds.
[núliwɛ̀dz]

マークとリサは本当に可愛い新婚さんよね。

I think Lisa already **has him by the balls**, though.

もうリサが**ボスみたい**だけどね。

148 have a ball

大舞踏会を開く

▼

大いに楽しむ

ここでいう ball とは、フォーマルな形で行われる盛大な舞踏会やダンスパーティーのことで、非常に楽しい時を過ごすことから生まれた表現です。

Thank you for inviting us to your party. We **had a ball**.

パーティーに招待してくれてありがとう。**すごく楽しかった**わ。

I'm glad you could make it.

来れてよかったよ。

149 have a bee in one's bonnet

帽子の中にハチがいる

▼

妙な考えに取りつかれている

bonnetはあごの下でひもを結ぶ婦人用または幼児用の帽子のことですが、帽子の中にハチが入り込んでブンブン飛び回っている様子から、何か突拍子もない考えに取りつかれて、気が変になっていることを表す表現です。

What's wrong with Kathy?

キャシーはどうしたのかしら?

I don't know, but she has a bee in her bonnet about something.

わからないけど、何か**妙な考えに取りつかれちゃっている**みたいだよね。

150 have a bone to pick

拾う骨がある

▼

文句がある

2匹のイヌがいるところに骨が投げられ、そのイヌたちがお互いにいがみ合って取り合いをする様子をイメージすればわかりやすいでしょう。a bone of contention「争いの種」という表現もあります。

I have a bone to pick with you! Stop borrowing my clothes without asking!

言いたいことがあるんだけど！　勝手に私の服を借りるの、やめてよ！

Sorry, it's just that you're never around when I want to borrow them.

ごめん、でも借りたい時にいつもいないんだもの。

151
have a finger in every pie

どのパイにも指を突っ込む

▼

どの事業にも参加する、どんなことにも首を突っ込む

おいしいパイがキッチンにあったら、ついつい手が伸びてしまうものです。ここでいうpie(パイ)は「計画」や「事業」などのたとえとして用いられ、あれこれと何でも首を突っ込んでかかわりをもつという意味です。特定の事象ではなく、ある人の普段の行動や性格についてネガティブな感想を述べる時に使う表現です。

James likes to **have a finger in every pie**.

ジェームズは**どんなことにも首を突っ込み**たがるね。

I agree.

そうだね。

152
have a frog in one's throat

喉にカエルがいる

▼

声がしわがれている

カエル(frog)は豊穣・進化といった良いイメージがあるのと同時に、不浄も連想させます。toad(ヒキガエル)はas ugly as a toad(非常に醜い)という表現があるように、悪魔や魔女を連想させます。

Is your daughter feeling better?

お嬢さん、具合い良くなった?

She's better but still **has a frog in her throat**.

少し良くなったけど、まだ**声がかれている**の。

153 have a green thumb

緑の親指をもつ

▼

園芸が得意である

草むしりなどをしていると緑の色素が指にこびりつきますが、このように常に庭いじりをしている人の指が緑色になることから生まれた表現です。イギリスでは、have green fingers といいます。

Your garden looks incredible!

お庭、すごく素敵ね！

Thanks. I've always had a green thumb.

ありがとう。**園芸は**ずっと**得意**なんだ。

154 have a long face

長い顔をもつ

▼

不機嫌な顔をする

a long face（長い顔）といっても「馬面」のことではなく、悲しい時や気分の優れない時は口の両端と目じりが下がり、全体的に顔が長くなるというイメージから生まれた表現です。

Hey, why do you have a long face?

ねぇ、なんで**浮かない顔**しているのよ？

I've failed a class.

単位落としちゃったんだ。

155

have a memory like an elephant

象のように記憶力が良い

▼

記憶力が良い

英語の諺の An elephant never forgets.「象は決して忘れない」は、象は記憶力がとても良く、自分に怪我を負わせた人間を何年たっても覚えている、身近な家族がどこにいるのかを決して忘れない、などからきています。そこで「記憶の良い」ことを象にたとえてこのような表現が生まれました。

I bumped into that Italian family who used to live in our neighborhood, but I couldn't remember their names!

以前に近所に住んでいたあのイタリア人家族に偶然会ったんだけど、名前を思い出せなかったの！

Ask mom. She **has a memory like an elephant**.

お母さんに聞いてみなよ、**記憶力良い**から。

156

have ants in one's pants

ズボンの中にアリがいる

▼

もぞもぞする

ズボンの中にアリがたくさんいたら、もぞもぞしてじっとしていられなくなることから生まれた表現です。心配、不安、緊張、興奮などによって心に落ち着きがなくなった状態を表します。antsとpantsが韻を踏んでいるのが面白いですね。

Stop pacing around! Do you **have ants in your pants**?

歩き回るのやめなさいよ！　**落ち着かない**わねぇ。

Sorry, I'm anxious about the result of my son's test.

ごめん、息子の試験の結果が心配なのよ

157

have bags under one's eyes

目の下の袋

▼

目の下のくま

疲れや寝不足、または加齢に伴って目の下に「くま」ができることがありますが、その「くま」を英語ではbagsと表現します。同意表現のhave dark shadows under one's eyesも覚えておきたい表現です。

You look tired. You **have bags under your eyes**.

疲れているようだね。**くまができている**よ。

Do I? I'll go straight home today.

そう?　今日は直帰するよ。

158

have bigger fish to fry

揚げるべきもっと大きな魚がある

▼

ほかに大切なことがある、それどころじゃない

かつて冷蔵庫がなかった時代に、釣った魚を保存するために、魚を揚げるのが大切な日課になっていたことから生まれた表現です。

Are you still going to start your phone repair business?

携帯修理のビジネス、まだ始めるつもりでいるの?

No, I**'ve got bigger fish to fry**.

いや、**今ちょっとそれどころじゃなく**て。

郵便はがき

料金受取人払郵便

小石川局承認

1043

差出有効期間
2022年6月27日まで

切手をはらずに
お出しください

112-8731

東京都文京区音羽二丁目
十二番二十一号

講談社エディトリアル 行

ご住所	□□□-□□□□		
(フリガナ) お名前		男・女	歳
ご職業	1. 会社員　2. 会社役員　3. 公務員　4. 商工自営　5. 飲食業　6. 農林漁業　7. 教職員 8. 学生　9. 自由業　10. 主婦　11. その他（　　　）		
お買い上げの書店名	市 区 町		書店
今後、講談社より各種ご案内などをお送りしてもよろしいでしょうか。 送付をご承諾いただける方は○をおつけください。			承諾する

TY 000015-2004

愛読者カード

今後の出版企画の参考にいたしたく、ご記入のうえご投函くださいますようお願いいたします。

本のタイトルをお書きください。

a 本書をどこでお知りになりましたか。

1. 新聞広告（朝、読、毎、日経、産経、他）
2. 書店で実物を見て
3. 雑誌（雑誌名　　　　　　　　　　）
4. 人にすすめられて
5. 書評（媒体名　　　　　　　　　　）
6. Web
7. その他（　　　　　　　　　　　　）

b 本書をご購入いただいた動機をお聞かせください。

c 本書についてのご意見・ご感想をお聞かせください。

d 今後の書籍の出版で、どのような企画をお望みでしょうか。興味のあるテーマや著者についてお聞かせください。

ご協力ありがとうございました。

159

have butterflies in one's stomach

胃にチョウがいる

▼

ハラハラする、そわそわして落ち着かない

チョウは英語では「優雅さ」ではなく、ばたばたとした「落ち着きのなさ」や「せわしさ」を連想させ、名詞で「1ヵ所にじっとしていられない人」という意味もあります。ちなみにbutterflyの語源は、グリム童話の作者のグリムによると、魔女がチョウに扮してバターを食べたことに由来するそうです。

When is your exam?

試験はいつ?

Next week. I **have butterflies in my stomach**.

来週なんだ。**そわそわして落ち着かない**よ。

160

have egg on one's face

顔に卵をつける

▼

面目をつぶす、恥をかく、きまりの悪い思いをする

ビクトリア朝時代の劇場で大根役者に卵を投げつけたことに由来するとか、イヌの顔に卵がついていたのを見て、イヌが鶏小屋から卵を盗んで食べたことが発覚したことに由来する、などの説があります。have egg all over one's faceとも言います。「恥をかいて」と副詞的に表現するなら、with egg on one's faceです。

I really **had egg on my face**. ／ What's wrong?

本当に**恥をかいた**よ。／どうしたの?

I tripped on the stairs.

階段でつまずいちゃったんだ。

161

have eyes in the back of one's head

頭の後ろに目をもつ

▼

後ろに目がある、状況判断が優れている

直訳は「頭の後ろに目がついている」ですが、実際に目に見える範囲外のところでもよく見通すことができることから「何でもお見通しである」ことを表します。

Let's throw a party here when your parents go away for the weekend.

お前のとこの両親が週末いない時に、ここでパーティーやろうぜ。

No, my mom will find out. It's like she **has eyes in the back of her head**.

だめだよ、うちの母さんにばれるから。**何でもお見通し**なんだよ。

162

have money to burn

燃やすためのお金がある

▼

燃やしていいほどの大金がある

「燃やすほどのお金がある」ということは、燃やしても有り余るほどの大金を持っているということを表す表現ですが、実際にはそれほど大金を持っていなくても、比喩的な誇張表現として使われます。関連表現に、spend money like water「湯水のようにお金を使う」があります。

If you **had money to burn**, what would you do with it?

もし**腐るほどのお金があったら**どうする?

I'd travel around the world.

世界旅行に行くね。

163 have one foot in the grave

墓に片足を入れる

▼

死にかけている

文字通り、片足を墓に入れた状態で、いつ死んでもおかしくないことを表す表現です。関連表現に、dig one's own grave（自ら墓穴を掘る）があります。

Lucy looked as if she **had one foot in the grave** when she saw her boyfriend with another woman.

彼氏がほかの女といるのを見て、ルーシーは**死にそうな**顔になっていたわね。

I know I would.

私だってそうなるわよ。

164 have one's ducks in a row

一列にアヒルを並べる

▼

まとめる、調整する

日本ではカルガモの親子が列を作って水中を泳いだり、道路を渡る光景を見ることができますが、英米ではアヒルの親の後ろにヒナたちが一列に並んでついて行く光景があり、そこから生まれた表現です。

You need to **have your ducks in a row** before taking this to the court.

裁判に持っていく前に、**全部きちんと整理する**必要があるぞ。

Do you know of any good lawyers?

良い弁護士、知っている?

165 hear ~ through the grapevine

ブドウのつるを通して～を聞く

▼

人づてに～を聞く、風のうわさで～を聞く

ブドウのつるは四方にくまなく伸びているので、どのつるからの情報であるのかわからないことに由来し、「非公式なルートで得た情報によれば」という意味で使います。

Where did you hear the news?

その知らせをどこで聞いたの?

I heard it through the grapevine.

風のうわさでよ。

166 hit the books

本に当たる

▼

熱心に勉強する

hitにはhit on a good idea（偶然良い考えを思いつく）のように、「偶然に見つける」という意味があります。hit the booksというと自分に合った本をたくさん見つけて「熱心に勉強する」ことを表します。

Why don't we stop by a cafe on the way?

途中でカフェに寄っていかない?

Sorry, I should go straight home and hit the books.

ごめん、まっすぐ家に帰って**勉強する**よ。

167

hit the bull's eye

雄牛の目に当てる

▼

成功する、的を射る、図星である

アーチェリーやダーツの中心の的を雄牛の目にたとえて生まれた表現です。bull's eyeは「的の中心」という意味のほかに、「命中」「的を射た発言」「台風の目」などの意味があり、相手が言ったことが図星をついていたら、"Bull's eye."と応じます。

You really **hit the bull's eye** with that answer in the lecture today.

今日の講義でのあの答えは**的を射た**、良い答えでしたよ。

Thank you.

ありがとうございます。

168

hit the ceiling

[síːlɪŋ]

天井に当たる

▼

激怒する

頭が天井にぶち当たるほどひどく怒るイメージから生まれた表現です。天井(ceiling)の代わりに屋根(roof)を使って、hit the roofといっても同じ意味です。

You went out with John?

ジョンとデートしたの?

Don't tell my parents. They'll **hit the ceiling** if they find out.

親に言わないでよ。ばれたら絶対**怒る**から。

169

hit the hay

干し草に当たる

▼

寝る

かつて、ホームレスの人たちが野原や納屋の干し草の上で寝ていたからという説もありますが、本来は、干し草でできたマットレスに体を当てて寝たことから生まれた表現です。

It's this late already?

もうこんな時間?

Let's hit the hay. We have an early morning tomorrow.

もう**寝よう**。明日の朝早いから。

170

hit the nail on the head

くぎの頭をたたく

▼

正確に要点をつく、図星をさす

くぎは適切なところを打てばまっすぐに入るように、正確に要点をつくことを表す表現です。

Nicola really shut her opponent [əpóʊnənt] down in today's debate, didn't she?

ニコラは今日の討論会で相手をすっかり黙らせたね。

Yeah, she hit the nail right on the head with that question.

うん、あの質問で**核心を突いた**よね。

171 hit the road

道路に当たる

▼

車で出発する・旅に出る

この場合のhitは、地面に「ぶつかる」の意味で、かつての旅の交通手段は荷馬車で、その車輪や馬のひづめが地面にぶつかることから生まれた表現です。

I've finished my coffee.

コーヒー飲み終わったよ。

Ok, let's hit the road.

じゃあ**行きましょう**。

172 hit the spot

その場所に当たる

▼

(飲食物が)申し分ない、(人を)満足させる、元気づける

凝っている肩をたたいてもらったり、夏の暑い日に冷たいビールが喉を通過したりした時など、ちょうど心地よい部分に触れることに由来する表現です。

Did you enjoy the dessert?

デザート美味しかった?

It really hit the spot. It was amazing.

もう**バッチリ**だったよ。すごく美味しかった。

173 hold a gun to someone's head

人の頭に銃を突きつける

▼

脅かす、無理に～させる

文字通り、人の頭に銃を突きつけるがごとく「脅かす」ことです。a gun の代わりにa pistol でもOKです。

Everyone thinks I should take this job, but I'm just not sure.

みんなこの仕事を受けたほうがいいっていうけど、わからないわ。

Don't take it if you don't want to. No one's holding a gun to your head.

自分が受けたくないならやめなよ。誰も**そうしろなんて言って**ないんだから。

174 hold out an olive branch

オリーブの枝を差し出す

▼

和解を申し出る

ノアの箱舟から放ったハトが夕方になって、くちばしにオリーブの若葉の枝をくわえて戻ってきたことで、洪水が地上から引いたことを知ったという、『旧約聖書』の『創世記』の記述に由来する表現です。「オリーブ」と「ハト」は平和の象徴となっています。

Liz did lie to me, but I decided to hold out an olive branch.

確かにリズに嘘をつかれたけれど、**私から仲直りしようって言う**ことにしたの。

I think that shows that you're the bigger person.

あなたのほうが大人ってことよ。

175

hold your horses

馬を抑えて

▼

落ち着いて

競馬でフライングスタートをしないように、新米のジョッキーたちに向かって Hold your horses!「手綱を引きなさい」と言ったことに由来します。前に進もうとする馬を手綱で抑えるイメージで「落ち着け」「あわてるな」の意味で、目下の者や友人同士で使われます。

Hurry up. We'll be late for the train.

急いで。列車に遅れるよ。

Hold your horses, I'm coming.

落ち着いてよ、今行くから。

176

hot dog

ホットドック

▼

やったー！ 万歳!

ホットドックは、その形がダックスフントに似ていることから、「レッド・ホット・ダックスフント・ソーセージ」と呼ばれていました。それを当時の漫画家がマスタードを塗られたダックスフントがパンに挟まった漫画を描いたために、ホットドック(hot dog)と呼ばれるようになりました。人気のある食べ物で、出すと喜ばれたことから「やったー!」という意味で使われるようになりました。

Today's dinner is curry and rice.

今日の夕食はカレーライスですよ。

Hot dog!

やった～！

177

in a nutshell

[nʌ́tʃel]

ナッツの殻の中に

▼

簡単に言えば

ナッツの殻はとても小さく中身が少ししか入っていないことから「手短に言えば」とか「簡単に言えば」の意味で使われる表現です。

So what's going on with Matt and Megan?

マットとメーガンはどうしちゃったの?

In a nutshell, she wants him to leave, and he doesn't want to.

簡単に言えば、メーガンはマットに出て行ってほしいけど、マットは嫌なんだって。

178

in a stew

[st(j)úː]

シチューの中で

▼

心配して、混乱して

シチュー(stew)はとろ火でコトコト煮込んだ料理のことですが、動詞で「くよくよ思い悩む」とか「心配する」という意味があります。ここから、in a stew は「心配して」という意味で使われるようになりました。

Are you OK?

大丈夫?

I'm **in a stew** because I'm organizing a huge conference this weekend.

今週末にある大きな会議の準備をしているから**心配なの**。

179

in apple - pie order

アップルパイの順番で

▼

きちんと整理されて

フランス語で「きちんとたたまれたシーツ」の意味をもつ、nappe pliée（ナップ　プリーと発音します）が英語式になまって発音されたことに由来します。

How's your new secretary working out?

君の新しい秘書、どう?

She's great. She keeps everything in apple-pie order.

彼女すごくいいわ。全部**きちんと整理**してくれて。

180

in hot water

熱いお湯の中で

▼

困って

かつて、日本にも「地獄の釜ゆで」という処刑方法がありましたが、不法侵入者を追い出すために熱いお湯をかけたという風習から生まれた表現です。

Nick's remarks on sexual equality in workplaces were kind of controversial.

ニックの、職場での男女平等についての発言、ちょっと物議をかもすものだったよね。

I agree. He's in hot water for that now.

うん、彼、それで今**困った状況に陥って**いるわよ。

181
in seventh heaven

7番目の天国で

▼

無上の幸福に浸っている

ユダヤ教やイスラム教の教えでは、天国は7つあり、一番上にある7番目の天国には神や天使が住むと考えられています。ここからin seventh heavenに「この上もない幸せ」という意味が生まれました。

Your mom must be so excited that she'll be a grandma soon.

あなたのお母さん、もうすぐおばあちゃんになるのを楽しみにしているでしょう。

She's been in seventh heaven ever since I told her.

知らせてからずっと**有頂天**ですよ。

182
in someone's shoes

人の靴を履いて

▼

人の立場に身を置いて

スカンジナビアの地域では、かつて養子になると、養父の靴を履くという古い習わしがあったことから生まれた表現だとされています。fill someone's shoesなら「～の代わりをする」、put oneself in someone's shoesなら「～の身になって考える」という意味になります。

There's nothing to worry about. It will be fine.

心配いらないよ、大丈夫だよ。

That's easy for you to say. Imagine being in my shoes!

そう言うのは簡単でしょうよ。**私の身になって**みてよ！

183
in the doghouse

イヌ小屋に

▼

嫌われて、ばつが悪い、関係がまずくなって

英米ではイヌは家の中で飼い主と一緒に生活することが一般的ですが、悪いことをした時に罰としてイヌ小屋に閉じ込められるという意味からの表現です。主に夫が妻の機嫌を損ねて、愛想をつかされ、関係をこじらせた時に使います。

What's wrong with you, Ken?

ケン、どうしたの？

I came home drunk after midnight, so I'm in the doghouse with my wife.

酔って午前様だったから、妻との**関係がまずいこと**になってるんだ。

184
in the driver's seat

運転席で

▼

指導的立場にある

自動車の運転席に座って、運転の主導権を握ることから生まれた表現です。in the driver's seat のほかに、on the hot seat（証人席で）や in the saddle（サドルに乗って）なども同意表現です。

Wasn't that school facing a lot of issues?

あの学校、いろいろ問題があるんじゃなかった？

It used to. But now with a new principal in the driver's seat, it's really turning around.

前はね。でも今は新しい校長が**指導にあたって**いて、劇的に改善しているよ。

185
ivory tower

象牙の塔

▼

学問の世界、浮き世離れした、世間知らず

「象牙の塔」は、もとはフランス語のtour d’ivoire（トゥール　ジボアールと発音します）に由来し、研究者が学問を、芸術家が美を追求することに熱心になるあまりに、現実から逃避した生活を送ることを表す表現です。

How's the CEO's nephew doing since joining your department?

社長の甥っ子、君の部署に入ったらしいけど、どう？

He's useless - a spoiled kid that lives in his ivory towers.

使えないよ。**世間を知らない**、甘やかされた奴だよ。

186
Jack of all trades

あらゆる仕事をもったジャック

▼

何でも屋

Jack and Jill（ジャックとジル）といえば、特に若い男女の代名詞として使われますが、Jack of all tradesとは「どんな仕事でもする人」のことを表します。Jack of all trades, master of noneは、何でもできる人はどれも中途半端でうまくできないことから、「多芸は無芸」の意味で使われます。

It never ceases to surprise me what Ken is capable of fixing with his hands.

ケンが何でも自分で直すことができるのにはびっくりさせられるね。

Yep, he’s a bit of a Jack of all trades.

ああ、ちょっとした**何でも屋**だね。

187
jump the gun

銃に飛びつく

▼

フライングする、先走る

この場合のgunとは競技でスタートの合図に使われるもので、合図よりも先に飛び出してしまうことを表します。Don't jump the gun! と否定の命令文で使えば「先走るな」とか「早まったことをするな」の意味になります。jump to conclusions なら「結論を急ぐ」「早合点する」です。

I shouldn't have **jumped the gun** and announced my pregnancy before my mother-in-law arrived.

義理の母が着く前に**先走って**妊娠報告をしたのは、まずかったわ。

Why, was she annoyed?

どうして？　お義母さん怒っちゃったの？

188
keep a straight face

まっすぐな顔でいる

▼

（おかしさを抑えて）真顔でいる

この場合のstraightは「まっすぐな」という意味ではなく、「きちんとした」という意味です。つまり、笑えば、口を開けたりしわを寄せたりするので、きちんとした顔でなくなることから、a straight face で「真顔」の意味になります。

When he was telling me the story that led to his break-up with his girlfriend, I could barely **keep a straight face**.

彼が、ガールフレンドとの別れに至る話をした時、**笑いをこらえる**のが大変だったわ。

I know. It was like a comedy show, wasn't it?

ホントだよね。コメディーみたいな話だったよね。

189

keep one's chin up

あごを上げたままにする

▼

頑張る

鉄棒で懸垂をする時に、バーよりも上にあごを出している状態から、Keep your chin up.で「頑張れ」と相手を励ます表現になりました。似たような表現に、Hold your head up.もあります。

I still struggle with loneliness after our breakup.

別れてから、まだ孤独を感じてるの。

Keep your chin up. You're amazing and you will meet someone nice.

頑張って。素敵なあなただもの、いい人に出会うわよ。

190

keep one's finger on the pulse

脈に指を当てておく

▼

最新の情報に通じている

医者や看護師が患者の脈を診るために常に指を脈に当てておくことから、最新の情報に通じていることを表します。

Don't you think she already has more than enough clothes?

彼女、もう十分たくさんの服を持ってると思わない?

She likes to keep her finger on the pulse of fashion.

最新のファッション**についていく**のが好きなんだよ。

191

keep one's fingers crossed

指を交差させておく

▼

祈る

I'll be keeping my fingers crossed. は、これから試験を受ける人や試合に臨む人に対して、幸運を祈ったり励ましたりする時に使う表現です。人差し指と中指を交差して十字架に見立てることで「祈り」を表すことからきた表現です。

I'm taking my driving test tomorrow.

明日、運転免許の試験なの。

I'll be **keeping my fingers crossed**!

うまくいくように祈っているよ！

192

keep the ball rolling

ボールを転がす

▼

うまく続けていく、場が白けないようにする

サッカーやラグビーなどの球技ではボールを動かし続けることが重要であることから生まれた表現です。get the ball rolling なら「始める」という意味になります。

Congratulations on the success of the project!

プロジェクトの成功、おめでとう！

Thanks. I'm glad we **kept the ball rolling** after Ryan left the company.

ありがとう。ライアンが会社を去ってからも僕らで**プロジェクトを続けて**良かったよ。

193

kick the bucket

バケツを蹴る

▼

死ぬ

食用のブタはbucketと呼ばれる天秤棒のようなもので逆さづりされ、喉を切られていました。その際に、ブタが苦しみのあまりその棒を蹴ったことから生まれた表現です。

There're many countries I want to visit before I **kick the bucket**.

死ぬまでに行ってみたい国がたくさんあるんだ。

Me too.

私もよ。

194

kill the goose that lays the golden eggs

金の卵を産むガチョウを殺す

▼

目先の利益のために将来の利益を犠牲にする

金の卵を1日に1個産むガチョウをもらった男は、それだけでは満足できずに、ガチョウの中に一生分のたくさんの卵が入っていると思い殺したが、結局金の卵は入っていなかった、というイソップの寓話に由来します。

Since the management let her go, our department has been in chaos.

管理職が彼女を首にしてから、うちの部署はめちゃくちゃだよ。

They really **killed the goose that laid the golden eggs**.

目先の利益だけにとらわれて、大きな利益をふいにしちまったな。

195 knock on wood

木をたたけ

▼

うまくいきますように

中世の頃、西洋では木にはスプライト(sprite)と呼ばれる小鬼がいて、いたずらをしたり問題を引き起こしたりすると信じられていました。そして、自慢話などをした時は、小鬼に聞かれないように木をたたくことでその音をかき消したことに由来します。

Last winter was really awful as we all got flu one after another.

去年の冬は、みんな次から次へとインフルエンザになって大変だったわ。

Hopefully, **knock on wood**, you'll be safe this year!

今年は**大丈夫でありますように**!

196 knockout

ノックアウト

▼

とびきりの美人、素晴らしい

とびきりの美人を見た時に、あまりにも衝撃を受けてノックアウトされることから生まれた表現です。同意表現に、「気絶させるもの」という意味の a stunner もあります。また、knock outは動詞として、The concert knocked me out.「コンサートに感動した」のように使うこともできます。

How was the concert last night?

昨夜のコンサートはどうだった?

It really was a **knockout**!

すごかったよ!

197 lame duck

足の不自由なアヒル

▼

援助の必要な人、任期終了間際で実権を失った議員

語源は、18世紀のロンドン証券取引所で、支払不能で「債務不履行」となった株式仲買人が取引所周辺をよたよたと歩き回る姿を、足の不自由なアヒル（lame duck）にたとえたのが始まりだといわれています。これが後に、アメリカで落選議員や任期終了間際の議員を指す政治用語として使われるようになりました。

Congratulations on your son's amazing new job.

息子さん、素晴らしい新たな職に就いたんですってね、おめでとう。

Thanks. He started as a lame duck but his trainer really believed in him and here he is now.

ありがとう。**いろいろ助けてもらわないといけない子**だったけど、トレーナーの方が彼のことを信じてくれたから、ここまで来られたわ。

198 lay a finger on ~

～に指を置く

▼

（危害を加えるつもりで）～に触れる、～に手を出す

文字通り、相手の体の一部に指を置くこと、つまり、敵意をもって手を出すことから生まれた表現です。否定文やif節の中で使います。

What did you say to the bully[búli]?

そのいじっめ子に、何て言ったの?

I told her that if she ever laid a finger on her again, I'd call the police.

あの子にもう一度**手を出した**ら、警察を呼ぶって言ったわよ。

199 lay an egg

卵を産む

▼

（試みが）失敗する、うまくいかない

卵の形が0に似ていることから、特に野球で0点が続くことに由来します。ほかのスポーツや、パフォーマンスがうまく行かなかったことも表します。goose egg（ガチョウの卵）は「0点」の意味です。

What was the result of the game last night?

昨夜の試合の結果はどうでしたか？

We really laid an egg and lost the game 5 to 1.

本当に**うまくいかなくて**、5対1で負けました。

200 lay one's cards on the table

テーブルにカードを置く

▼

手の内を見せる、計画を明かす

トランプ遊びで、相手に隠していたカードを表にしてテーブルの上に置くことから生まれた表現です。

How're the merger [mə́:rdʒər] discussions going?

合併の話し合いはどうなっている？

Not good. They've finally laid their cards on the table and it turns out they want to buy us out.

良くないよ。向こうが**手の内を見せて**きて、こっち側を買収したいってことがわかったんだ。

201

let one’s hair down

髪をおろす

▼

くつろぐ

かつて、女性は外出をしたり、人前に出たりする時には髪をきちんと結いあげていましたが、誰にも見られていない自分の家ではリラックスして髪をおろしていたことに由来する表現です。

It’s been such a long and hard week.

長くて忙しい1週間だったわ。

Then make sure you let your hair down and have fun at the party this weekend!

じゃあ週末のパーティーは**リラックスして**楽しまなくちゃね！

202

let sleeping dogs lie

寝ているイヌを寝かしておく

▼

怒らせない、そっとしておく

「やぶ蛇」とは「やぶをつついて蛇を出す」ことで、余計なことをして、かえって自分にとって悪い結果を招くことを表します。英語では蛇の代わりにイヌを用いて「寝ているイヌを寝かしておく」と表現します。

Is Jane still angry with Harry?

ジェーンはまだハリーに怒ってるの？

Apparently. But let sleeping dogs lie and don’t mention that fight.

そうらしいわ。でもあのケンカのことには触れないで**そっとしておいて**ね。

203 let the cat out of the bag

ネコを袋から出す

▼

秘密を漏らす

かつて、イギリスの農村市場で子ブタを布袋に入れて売買する習慣がありました。しかし悪徳商人は、子ブタの代わりに価値のないネコを入れ、客に「逃げると困るので、家に帰るまでに袋を開けないように」と言って売りつけ、ぼろ儲けしていました。ある時、間違って布袋からネコが飛び出しうそがばれた、という話から生まれた表現です。

We're having a surprise party for Mike tonight. Don't **let the cat out of the bag**.

今夜マイクのためにサプライズでパーティーをやるんだけど、**ばらさ**ないでね。

Don't worry. Your secret is safe with me.

心配しないで、ばらさないよ。

204 lick someone's boots

人の長靴をなめる

▼

人にへつらう

腰を低くし、ぺこぺこしながら人の長靴をなめるようにしてへつらうことから生まれた表現です。

How's your new job?

新しい仕事はどう?

Good. It's not like my old job where everyone wanted to **lick their bosses' boots** to get promoted.

いい感じだよ。前の職場みたいにみんな昇進狙いで**上司にこび**ないから。

205 life in the fast lane

追い越し車線での生活

▼

食うか食われるかの生活

fast lane（速い道）とは「追い越し車線」の意味で、高速道路の追い越し車線では常にスピードを出して危険な状態で運転をしなければならないことから生まれた表現です。

What made him move to the country?

彼はなんで田舎に引っ越したの？

He got tired of life in the fast lane.

駆け足みたいな生活に疲れたんだって。

206 like a bat out of hell

地獄から出るコウモリのように

▼

脱兎のごとく、ものすごい勢いで

火が燃え盛る地獄からコウモリが逃げ出す様子から生まれた表現です。コウモリは悪魔・盲目・死などを連想させ、コウモリが鳴いたり家の中に飛び込んで来ると雨が降り、元気に飛んでいる姿を見れば晴れになるという迷信があります。

What happened with Steve?

スティーブはどうしたの？

I don’t know, but he left the party like a bat out of hell!

わからないけど、**ものすごい勢いで**パーティーから飛び出していったわ。

207

like a cat on a hot tin roof

熱いトタン屋根の上のネコのように

▼

そわそわして、びくびくして

直射日光を浴びて熱くなったトタン屋根の上に、ネコが上った時の様子から生まれた表現です。アメリカ南部の大農園を舞台に、相続問題を巡る家族の愛憎劇を描いたテネシー・ウィリアムズの戯曲『A cat on a hot tin roof やけたトタン屋根の上のネコ』で一般的な表現となりました。イギリスでは、like a cat on hot bricks といいます。

What's wrong? You look **like a cat on a hot tin roof**.

どうかしたの？　**そわそわ**しちゃって。

I'm nervous about my presentation today.

今日プレゼンをするから緊張しているんだ。

208

like a fish out of water

水の外に出た魚のように

▼

場違いな、不慣れな環境にいる

水の中で気持ちよさそうに泳いでいる魚もいったん釣りあげられてしまうと、水に戻りたいがために、もがきながら苦しむ様子から生まれた表現です。drink like a fish「大酒を飲む」も覚えておきたい表現です。

Did you enjoy the party last night?

昨夜のパーティーは楽しかった？

No. I felt **like a fish out of water** because I was the only girl not in a formal dress.

ううん、**場違いな**感じだったよ。だって私だけ服がフォーマルでなかったから。

209 like a red rag to a bull

ウシに向けられた赤い布切れのように

▼

人を怒らせる

闘牛でマタドールが、赤い布をひらひらさせながらウシを挑発し怒らせている様子から生まれた表現です。実際には、ウシは色のはっきりとした識別ができず、布の動きに反応して突進していくようです。

I'll make sure I won't mention my upcoming vacation to Lisa.

私の休暇の計画はリサには話さないでおくわ。

Yeah, that would be like a red rag to a bull. She's having a hard time making ends meet.

そうね、**怒らせることに**なりそうだものね。彼女、生活が苦しいから。

210 like two peas in a pod

サヤの中の2つのエンドウ豆

▼

瓜ふたつ

サヤの中のふたつのエンドウ豆が同じ形をしていることに由来します。エンドウ豆は愛・幸運の象徴です。

Do you look like your twin brother?

あなたは双子の兄弟に似ていますか?

Yes, we're like two peas in a pod.

はい、僕らは**瓜ふたつ**です。

211 live high off the hog

ブタの上の部分で生活する

▼

ぜいたくな生活をする

hog は肉食用に去勢し、成長したブタのことで、high off the hog は high on the hog ともいいますが、ブタの上の部分の肉のことです。上の部分にはヒレ（tenderloin）やロース（loin）などの肉があることから、live high off the hog が「ぜいたくに暮らす」とか「裕福に暮らす」という意味になりました。

Did you see his new house?

彼の新居、見た?

Yes. He's certainly **living high off the hog** with his inheritance.

見たよ。相続した遺産で**ぜいたくな暮らしししている**よな。

212 long shot

長いシュート

▼

期待薄

shot とはサッカーやバスケットボールの「シュート」のことですが、long shot とは「長いシュート」のこと。遠いところからのシュートなので、入る可能性が低いことから、「期待薄」の意味で使われます。

Are you going to ask her out?

彼女をデートに誘うの?

Yeah, I will. I know it's a **long shot**, though.

うん。**だめもと**だけどね。

213 lose one's shirt

シャツを失う

▼

無一文になる、すっからかんになる

ギャンブルで無一文になり、最後にはシャツまで質草に入れてしまうことから生まれた表現です。

I can't believe he's going to make another stupid investment!

彼、またばかげた投資するなんて、信じられないわ。

He probably won't learn until he **loses his shirt**.

奴は**無一文になる**まで学ばないだろうね。

L
M

214 make a beeline for ~

～にハチの線をつくる

▼

～に直行する

ミツバチはひたすら働く昆虫として知られていますが、花の蜜を収穫した後はどこにも寄り道をせずに、最短距離で巣に戻っていくと考えられていることに由来する表現です。

My mom is still angry with me.

うちのお母さん、まだ怒っているの。

Then I would **make a beeline for** your friend's house if I were you.

じゃあ僕だったら友だちの家**に直行**だな。

215

miles away

数マイル離れて

▼

考えごとをして、上の空で

1マイル(mile)は約1609メートルで、miles awayを「遠い」という意味で使用する場合、The airport is miles away.「空港はかなり遠いところにある」と使います。人が主語になると、誰かに声をかけられても気づかなかったり、別のことを考えていたりすることを表す表現になります。

Are you listening?

聞いているの?

Sorry, I was miles away.

ごめん、**ぼんやり**してた。

216

miss the boat

船に乗り遅れる

▼

好機を逃す、要点をつかみそこなう

飛行機のない頃、海外に行く唯一の手段は船でしたが、船は頻繁に出ているわけではありません。その船に乗り遅れると、次の船が来るまで長い間待たなければならなかったことから生まれた表現です。

It's a really good job offer, but I'll think about it.

良い仕事のオファーだけど、ちょっと考えるわ。

It's OK to think about it, but if you don't make the decision soon, you might miss the boat.

考えるのはいいけど、早く決めないと、**好機を逃す**ことになるかもしれないわよ。

217

moonlight

月光

副業をもつ

日が出ている間に仕事をした後で、夜間、月が輝いている間にもうひとつの仕事をすることを表します。かつて、電気がなかった頃、夜は月の光を頼りに働いていたことに由来します。失業保険を受けている者がこっそりと働くこともmoonlightといいます。そのほか、moonlightingは「内職」、moonlighterは「アルバイトをする人」のことです。

How do you support your big family on such a small income?

そんな安月給でどうやって大家族を養っているの?

By moonlighting at a convenience store.

コンビニの**バイト**もしているんだよ。

218

mutton dressed (up) as lamb

ラム肉の服を着せたマトン

若作りの年配女性

「羊頭狗肉」とは、羊の頭を看板に出しながら実際にはイヌの肉を売っている、というのが文字通りの意味ですが、見せかけが立派でも実質がそれに伴わないことのたとえとして使われます。この英語版が mutton dressed (up) as lamb です。

My mom often looks like mutton dressed as lamb!

うちのお母さん、しょっちゅう**若作りする**のよ!

And I'm sure she'd look so much better if she didn't dress like that.

きっと若作りしないほうが素敵なのにね。

219 nature calls

自然が呼んでいる

▼

トイレに行く

文字通り、「自然が呼んでいる」ですが、この場合のnatureは人間の「生理的欲求」の意味で、主に「小便に行く」ことを表します。answer the call of nature（トイレに行く）という表現もあります。

Are you ready to go?

もう出かけられる?

Give me a minute. Nature calls.

ちょっと待って、**トイレに行ってくる。**

220 night owl [ául]

夜のフクロウ

▼

宵っ張り

a night person や an evening person は夜型人間をさしますが、鳥の世界の夜型の代表格がフクロウ（owl）です。He took an owl train to London. といえば「彼は夜行列車でロンドンに行った」の意味になります。また、フクロウは「知恵」の象徴ともされるので、She is as wise as an owl. だと「彼女はとても賢い」という意味になります。

My son is a night owl and often stays up until 4 or 5 in the morning.

うちの息子は**夜型人間**で、しょっちゅう朝の4時とか5時まで起きてるのよ。

You should have him pay for the electricity [ilektrísəti].

電気代を払ってもらいなさいよ。

221 no room to swing a cat

ネコを振り回す空間がない

▼

狭い

かつて、イギリスの海軍では、罪を犯した隊員に対して「九尾の猫鞭（Cat-o'-nine-tails）（ネコの尾で作ったこぶのついた9本縄の鞭）」と呼ばれる処刑用の道具を振り回して処罰していたことから生まれた表現です。日本語では、ネコという言葉を使って「猫の額ほどの〜」と広さを表す表現があります。

How is your new apartment?

新しいアパートはどう?

It's OK, but there's definitely no room to swing a cat.

まあまあだけど、確かに**狭い**わね。

222 not a bed of roses

バラの花壇ではない

▼

楽なことばかりではない

「楽しいことばかり」のall rosesは、Life is not all roses.（人生は楽しいことばかりではない）のように、否定文で使われますが、同じようにnot a bed of roses（バラの花壇ではない）も否定的に使われます。

I'm right on the road to success now that I've got into a great college.

良い大学に入れたから、もう人生の成功まっしぐらだよ。

Well, work hard, because life is not a bed of roses.

でも頑張りなさいよ。人生って**そんなに楽じゃない**んだから。

223 not as black as one is painted

描かれているほど黒くない

▼

いわれているほど悪くはない

black list（ブラックリスト）、black market（闇市）、black economy（闇経済）など、黒（black）は洋の東西を問わず、あまり良いイメージをもたない色です。The devil is not as black as he is painted.「悪魔は絵に描かれるほど黒くはない」は、かつて悪魔を黒く描いたことから生まれた表現で、「まったくの悪人はいない」という意味で使います。

Her ex-husband was a horrible man, wasn't he?

彼女の元旦那ってひどい人だったんでしょ?

I knew him quite well, and he **wasn't as black as he's painted**.

彼のことよく知ってたけど、**いわれているほど悪い人じゃない**よ。

224 not one's cup of tea

～の紅茶ではない

▼

～の好みではない

イギリス人は1日に平均5～6杯の紅茶を飲んでいるといわれています。紅茶は葉の種類も多く、また淹《い》れ方も人それぞれであることから生まれた表現です。ちなみに、イギリスでクリームティー（cream tea）といえば、ジャムや濃厚なクリームをつけて食べるスコーンと共に楽しむ午後のお茶のことです。

How do you like cricket?

クリケットは好き?

No, it's **not my cup of tea**.

いや、**あまり好きじゃない**な。

225

on cloud nine

9番目の雲の上に

▼

とてもうれしい

1950年代にアメリカの気象庁が雲の種類を9つに分類し、9番目の雲がふわふわした積雲で、これが理論上最も高いところにあるとしたことから、cloud nine は「この上もない幸せ」を意味するようになりました。ふわふわとした雲の上に乗って気持ちがうきうきした様子をイメージするとわかりやすいでしょう。

Are Tina's parents excited about her being pregnant?

ティナのご両親、彼女の妊娠に喜んでいる?

They've been on cloud nine ever since the announcement!

妊娠報告以来、**天にも昇る心地**でいるよ。

226

on pins and needles

ピンと針の上で

▼

やきもきして、ひどく不安で

have pins and needles in one's legsといえば、「足がしびれてちくちくする」という意味ですが、単にon pins and needlesなら「とてもじっとしてはいられない」状態を表します。

Have you heard from the hospital?

病院から連絡来た?

Not yet. We've been waiting on pins and needles all day.

まだ。一日中**心配で**、じっとしていられないよ。

227
on the ball

ボールに乗って

▼

機敏で、油断のない、いつでも準備ができている

アメリカで野球が始まった頃、ボールにスピードもコントロールも回転もないピッチャーがa pitcher who has nothing on the ball（ボールに何もないピッチャー）といわれたことに由来する表現です。

I've got everything on my to-do list done!

やらなきゃいけないこと、全部終わったわ！

You're on the ball!

絶好調じゃん！

228
on the fence

フェンスの上で

▼

決めかねて、様子を見て

フェンスの上で、どちらのほうに降りたらいいか決めかねている様子、つまり、2つの選択肢があって、どちらを選ぶべきか迷っている気持ちを表す表現です。

Which club are you going to join, soccer or baseball?

サッカーと野球のどっちに参加するの？

I'm still on the fence.

まだ**決めかねている**んだ。

229
on the horizon
[həráizn]

水平線上に

▼

兆しが現れて、差し迫って

東の水平線や地平線から太陽がまさに出かかっている様子から生まれた表現です。来るべき変化を目前にしながら、当事者の期待と不安が入り混じった、複雑な気持ちを表しています。

So, are things still bad between your parents?

ご両親の状況、まだ悪いの?

Worse now. I think divorce is on the horizon.

前よりさらに悪いよ。離婚も**秒読み**だな。

230
on the house

家のおごりで

▼

無料で

It's on me. といえば「私のおごりです」という意味ですが、on the house は「店のおごり」、つまり、食べ物や飲み物が「料金無料」という意味で使われます。

That was the longest wait I've ever had for a meal.

食事が来るまでにあんなに待たされたの初めてだわ。

Yeah, but I guess the drinks on the house made it OK.

うん、でも飲み物代は**店がもってくれた**からいいじゃん。

231

on the ropes

ロープに追い詰められて

▼

窮地に陥って

ボクシングの試合で、ボクサーがロープに追い詰められて窮地に陥っている様子から生まれた表現です。

It's outrageous that the management tried to cover up the scandal!

管理職の奴らがあのスキャンダルを隠ぺいしようとしたなんて、とんでもないな！

The entire company is **on the ropes** now.

もう会社全体が**窮地に陥って**いるよ。

232

on the tip of one's tongue

舌の先に

▼

のどまで出かかって

会話中に、人の名前や地名などを度忘れしてしまうことがありますが、そんな時に使える便利な表現です。日本語では「のどまで出かかっている」ですが、英語では「舌の先まで出かかっている」と表現します。

What's her brother's name?

彼女のお兄さんの名前、何だっけ?

Um… give me a second. It's **on the tip of my tongue**.

えーと…ちょっと待って。**のどまで出かかっている**んだけど。

233

on the wagon

荷馬車に乗って

▼

禁酒して

もとは、on the water wagon のことで、道路が未舗装の頃、ほこりがたたないように、荷馬車が道路に水をまいていました。ここから、on the wagon は「荷馬車に乗って大量の水を飲み、禁酒する」ことを表すようになりました。fall off the wagon なら「荷馬車から落ちる」ことから、禁酒を破って「再び飲酒を始める」という意味になります。

Do you want to go out for a drink after work?

仕事の後、一杯やりに行かない?

No thanks. I'm on the wagon.

やめておくよ。禁酒しているんだ。

234

on thin ice

薄氷の上で

▼

危険な立場で、危険を冒して

日本語でも「薄氷を踏む思い」などと表現しますが、文字通り、水面に薄く張った氷の上を歩いたりスケートをしたりすることから、「危険を冒して」の意味で使われる表現です。同意表現に、walk on eggshells「卵の殻の上を歩く」があります。

Are you and your boyfriend joining us tonight?

あなたと彼、今日来れる?

I don't know. We're on thin ice since our huge argument last week.

わからないわ。先週の大ゲンカ以来、危ない状態なのよ。

235

once in a blue moon

青い月に1回

めったに〜ない

月初めに満月になると、月末にも満月になることが3年から5年の間に1回ある、とされていて、2回目の満月をblue moonと呼ぶようになったという説と、大気中のちりの影響で実際に月が青く見えることがまれにあるという説があります。いずれにしても、めったに見られるものではないことから生まれた表現です。

Does your husband cook?

ご主人、料理するの?

Once in a blue moon.

めったにしないわよ。

236

one's days are numbered

日は数えられる

余命いくばくもない

毎日、日めくりカレンダーをめくりながら死刑の宣告を待つ死刑囚から生まれた表現ですが、My car's days are numbered.「私の車の寿命もそろそろです」のように使うこともできます。

If I get another F, **my days** at this college **are numbered.**

もしまた成績でFを取ったら、大学生活も**終わりみたいなもん**だよ。

Well, go and study, and make sure you don't!

じゃあ取らないように、勉強しなさいよ!

237

one's double

～の2倍

▼

～にそっくり

名詞のdoubleは「2倍」という意味が基本ですが、映画の「代役」や「替え玉」の意味のほかに、「非常によく似た人（物）」「そっくりさん」の意味で使うこともできます。

What is your boyfriend like?

彼氏はどんな人？

Well, he's Brad Pitt's double.

そうね、**ブラッドピットにそっくり**なのよ。

238

one's eyes pop out of one's head

目が頭から飛び出る

▼

目玉が出るほどびっくりする

日本語で、非常にびっくりすることを「目の玉が飛び出るように」と表現しますが、英語でも「目が頭から飛び出る」と表現します。

I still can't believe your grandparents bought you a car for your birthday.

あなたのおじいちゃんたちが誕生日に車を買ってくれたなんて、信じられないわ。

Crazy, isn't it? My eyes almost popped out of my head when I saw it!

すごいよね？　見た時、**目が飛び出るくらいびっくりした**わよ。

239 only a drop in the bucket

バケツの中の1滴

▼

ごく少量、大海の1滴、大したことではない

文字通り、バケツの中の水の1滴のように、ごくわずかな量を表します。また、物事全体を見た時に「全く大したことではない」というように、程度の小ささを表す場合にも使われます。

Dad, I'm sorry I scratched your car. I'll pay for the repair.

お父さん、ごめんなさい。車に傷をつけちゃった。修理代は出すから。

Don't worry. It's **only a drop in the bucket**.

心配ないよ。**全然大したことじゃない**から。

240 out of the blue

青(空)の中から

▼

突然

晴れている空からいきなり稲妻が走ることを、日本語では「晴天の霹靂《へきれき》」といいますが、英語も同じ発想で、a bolt out of the blue sky とか a bolt from the blue sky といいます。out of the blue は副詞として「突然」とか「降ってわいたように」の意味で使われます。

I've just got fired from work **out of the blue**. They wouldn't even tell me why.

突然解雇されたの。理由も言ってくれないのよ。

That can't be legal. You need to report it to the upper management.

それって法律違反のはずよ。上層部に報告しなきゃだめよ。

241 out of the frying pan into the fire

フライパンから火の中に

小難を逃れて大難に陥る

フライパンで料理されることから逃れた魚が、その次にもっと熱い火の中に入ってしまうことから生まれた表現です。

Is your new job giving you a good work-life balance?

新しい仕事にしてから、仕事と私生活の良いバランスがとれるようなった?

It’s no better than my old one. It’s like I jumped out of the frying pan into the fire.

前の仕事と変わらない。**一難去ってまた一難**だよ。

242 out of the woods

森から出て

困難を逃れて、危険を脱して

古代ローマ人は森を暗くて危険なイメージでとらえていました。そんな森からいったん出てしまえばもう安心だ、ということから生まれた表現です。Don’t crow till you are out of the woods.「森を出るまで叫ぶな」という表現もあります。

My mother’s surgery went well and she’s out of the woods now.

母の手術がうまくいって、**危ない状態からは脱し**ました。

That’s a relief. It’s good that they found it at an early stage.

安心しました。早期発見できてよかったですね。

243 over the hill

丘を越えて

▼

全盛期を越えて、もう若くない、危機を脱して

hill（丘）は人生の全盛期を表し、一番良い時を過ぎてしまったこと、つまり、もう若くないことを表す表現です。

My mother-in-law told me that I was **over the hill**.

義理の母が、私のことをもう**若くない**んだからって言うのよ。

Seriously? How old is she then?

マジで？　自分はいくつだっていうのよね？

244 pack one's bags

荷物をまとめる

▼

やめる、出て行く

袋に荷物をまとめ、今まで働いていたところや住んでいたところを出て行くことを表す表現です。

What did Lisa do when she found out her husband was having an affair?

旦那が浮気してるって知って、リサはどうしたの？

She just told him to **pack his bags** and leave.

旦那に**出ていくよう**に言ったわよ。

245

packed in like sardines

イワシのように詰められて

▼

ぎっしり詰まって

小さな缶詰の中にぎっしり詰まって入っているイワシに由来します。packedはcrammedやjammedに置き換えても同じ意味になります。

How do you commute to work every day?

毎日どうやって通勤しているの?

By train, always packed in like sardines.

電車だよ。**すし詰め状態**でね。

246

pain in the neck

首の痛み

▼

悩みの種、手を焼く人

I have a pain in the neck.といえば「私は首が痛い」という意味ですが、首に痛みがあると思うように行動することができないことから、「悩みの種」の意味になります。

Is your sister bringing her husband to your party this weekend?

妹さん、今週末のパーティーにご主人も連れてくるの?

I hope not. He's such a pain in the neck.

連れてきてほしくないわ。すごく**手を焼く人**だから。

247

paint the lily

ユリに色を塗る

▼

美しいものに無駄な改良をする

本来は、gild the lily（ユリに金箔をかぶせる）からpaint the lily（ユリに色を塗る）という表現が生まれました。美しいものに無駄な改良を加えることを表します。

You don't need to filter your selfies. That's just **painting the lily**.

自撮り写真にフィルターする必要ないよ。**そのままできれい**なんだから。

Oh that's so nice of you to say.

あら、優しいのね。

248

paint the town red

街を赤く塗る

▼

どんちゃん騒ぎをする

古代ローマの兵士たちが、征服された人たちの血で町の壁を塗ったことに由来するという説と、飲み歩いて赤字になるほどお金を使ってしまう、という2つの説があります。

I want to **paint the town red** when I visit Tokyo next month!

来月東京に行ったら、**遊びまくり**たいな。

Go to Roppongi or Shibuya. There're tons of clubs and bars there.

じゃあ六本木か渋谷に行きなよ。クラブやバーがたくさんあるから。

249 pay through the nose

鼻から払う

▼

法外な金を払う

諸説ありますが、17世紀のイギリスでは「お金」の俗語として、ギリシャ語で「鼻」を意味するrhino（ライノー）という語が使われ、これが英語の「鼻」のnoseに変わって使われるようになった、という説が有力です。また別の説では、9世紀のアイルランドでは、バイキングが人頭税を払えない人の鼻を切り落としていたといわれ、これが由来ともいわれています。

Did you have a good family vacation this summer?

今年の夏はご家族で良い休暇を過ごせましたか?

We did. But we had to pay through the nose just because it was during the school summer holidays.

はい。でも学校の夏休み中というだけで、**すごい金額を払わされました**よ。

250 perfect storm

申し分のない嵐

▼

最悪の状態

日本語では「弱り目に祟《たた》り目」や「泣きっ面にハチ」などの表現がありますね。perfect stormとは、さまざまな困難や災害が同時に起こる最悪の状態を表す表現です。

From scandals to bribery, the bad news keeps coming!

スキャンダルに賄賂、悪いニュースがひっきりなしだな！

That university sure is in the middle of a perfect storm.

あの大学は完全に**最悪状態**にあるよね。

251 # pie in the sky

空にあるパイ

▼

はかない望み、当てにならないうまい話

奴隷に対する牧師の扱いに批判的であった労働者調整役の男が作った歌の一節 “Work and pray, live on hay, you'll get pie in the sky when you die”（働き、祈り、干し草の上で生活しなさい、そうすれば死んだ時には空でパイがもらえるから）に由来しています。

Do you have any plans for this summer?

今年の夏は何か計画はある?

I want to go to Hawaii, but that’s just pie in the sky.

ハワイに行きたいけど、**はかない望み**だね。

252 # play cat and mouse with ~

～と「ネコとネズミ」ゲームをする

▼

～をもてあそぶ

ネコがネズミをからかうように、相手がほしがっているものをあげるようなふりをしてもてあそぶことから生まれた表現です。

I don’t like the way Karen treats her boyfriend.

カレンの彼氏への態度が、私は気に入らないわ。

She’s always played cat and mouse with men.

あの子はいつも男を**もてあそぶ**のよ。

253

play it by ear

耳で演奏する

▼

臨機応変に行動する

楽譜を見ずに即興で曲を演奏することが原義で、臨機応変にその場の状況に応じて行動することを表す表現です。

How about 2:00 on Saturday?

土曜の2時はどう?

I have to run some errands before that, so can we play it by ear?

それまでに済ませなくちゃいけない用事があるから、**その時の様子で**いい?

254

play possum

ポッサムを演じる

▼

死んだふりをする

オポッサム(opossum)はアメリカ大陸に生息する有袋類の動物で、驚くと死んだふりをする習性をもち、見た目がネズミとアナグマを混ぜたような感じから、フクロネズミとも呼ばれています。opossumのoを省略して、play possumで「死んだふりをする」とか「タヌキ寝入りをする」という意味で使われます。

What would you do if you encountered a bear in the woods?

森でクマに遭遇したらどうする?

I'm not sure, but I think I'd play possum.

わからないけど、たぶん**死んだふりをする**と思うよ。

255 pop the question

質問をポンと出す

▼

求婚する

popとは「ポン」とか「パン」という意外性を暗示させる擬音語で、唐突な質問で相手を驚かすことを表します。そこから、「突然結婚の申し込みをする」という意味で使われるようになりました。

I'm going to **pop the question** to my girlfriend tonight.

今夜、彼女に**プロポーズする**んだ。

Oh my god, that's amazing!

ホントに!?　すごい!

256 press the panic button

パニックボタンを押す

▼

慌てふためく

panicの語源である、ギリシャ神話に登場する牧羊神のパン（Pan）は、昼寝を妨げられた腹いせに奇妙な叫び声をあげて家畜を怖がらせた、と考えられていました。そこから、家畜が突然集団で騒ぎ出すのはパンの仕業、と信じられていたことに由来します。

My son scraped his knee at school today. Maybe I should take him to see the doctor.

息子が今日学校でひざを擦りむいたの。お医者さんに診てもらおうかしら。

You can't **press the panic button** over every little cut and scrape kids get.

子どもの小さなケガで毎回**慌てふためいて**いたらだめよ。

257 pull a rabbit out of a/the hat

帽子からウサギを引っ張り出す

▼

びっくりするようなことをする、解決策を見つける

帽子の中からウサギを取り出す古典的なマジシャンのトリックに由来します。予期しないことや驚くようなことをしない限り、その人は困難な状況から抜け出せない、という場面で使われる表現です。

I'm relieved my department managed to solve that problem so quickly.

僕の部署があの問題を早く解決できてよかった。

You really pulled a rabbit out of the hat.

本当に**あの状況でよくやった**よ。

258 pull in one's horns

角を引く

▼

弱気になる、控えめになる、節約する

horn はウシ、ヤギ、サイ、シカなどの角のことですが、この場合の horns はカタツムリの角のことで、カタツムリは恐怖を感じると角を引っ込めることから生まれた表現です。動詞として horn を使って、Don't horn in on our conversation. なら「私たちの会話に口を挟まないで」の意味になります。

I heard the council have had to relax the parking restrictions.

行政が駐車制限を緩和したらしいね。

Yes, the voices of the residents have forced them to pull in their horns.

そうなの。住民の声で**引っ込んだ**みたい。

259

pull one's hair out

髪の毛をかきむしる

▼

イライラする

「自分の髪の毛を抜く」が原義ですが、悲しみや怒り、イライラなどが原因で、髪の毛をかきむしったり、ひどくいら立つことを表します。pullの代わりにtear(引き裂く)を使ってもOKです。

How did the babysitting go last weekend?

先週末のベビーシッターの仕事はどうだった?

I was **pulling my hair out** because the kids were completely out of control.

子供たちが手が付けられない状態になっちゃって、私はもう**イライラよ**。

260

pull someone's leg

人の脚を引っ張る

▼

人をからかう

杖を使って人の片方の脚をひっかけて転ばすといういたずらから生まれた表現で、日本語の「足を引っ張る」という表現とは異なります。

I can't believe you said my cooking was awful.

私が料理下手なんて、ひどいわ。

Chill out, I was only **pulling your leg**.

怒るなよ、**からかっていた**だけだよ。

261

pull strings

糸を引く

▼

コネを利用する

観客の見えないところから糸で人形を操るマリオネットに由来しますが、そこから転じて、裏から手をまわしたり、コネを利用して望み通りの結果を得ようとすることに使われます。関連表現の pull the strings や pull someone's strings は「裏で糸を引く」「陰で人を操る」という意味になります。

I'm going to try and get tickets for the music festival.

音楽フェスティバルのチケットを取ってみるわ。

My brother works for one of the bands. I'll see if I can pull strings and get us free tickets.

俺の弟が、そこに出演するバンドの仕事してるんだ。コネでチケットがただで手に入るか聞いてみるよ。

262

pull the wool over someone's eyes

人の目に羊毛をかぶせる

▼

人をだます

かつてイギリスでは、wool(羊毛)はカールした髪に似ていることから、頭髪やかつらにたとえられていました。強盗は襲う際に、相手がかつらをかぶっていた場合、かつらを前に引っ張って目をくらましてから犯行に及んだことから、この表現が生まれました。

I'm so excited Jack asked me out. He's such a nice guy.

ジャックがデートに誘ってくるなんて、超うれしい。彼、すごくいい人なのよね。

I'm not sure. Maybe he's pulling the wool over your eyes.

そうかしら。もしかしてあなたのこと、だましているんじゃ?

263

put all one's eggs in one basket

1つのカゴに卵を全部入れる

▼

1ヵ所につぎ込む

この場合のeggsは「資源・資産・精力」などの意味で、それらを1ヵ所につぎ込むことで、危険を伴う行為に対して使われる表現です。

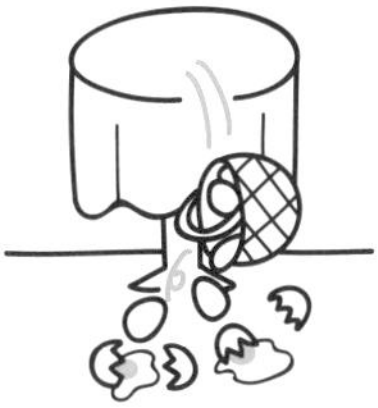

I hope his new business will be successful.

彼の新しいビジネス、成功するといいけど。

I hope so too. He has **put all his eggs in one basket** for this.

そうね。このために**すべてをつぎ込んだ**ものね。

264

put one's best foot forward

一番良い足を前に出す

▼

できるだけ良いところを見せる

一番良い足を出す、つまり相手に良い印象を与えるために、できるだけ良いところを見せるということです。左はもともと良くないものと考えられていたため、ここでいうbest footとは、右足のことです。

Do you have any advice for my job interview tomorrow?

明日仕事の面接なんだけど、何かアドバイスある?

Not really, just make sure you **put your best foot forward**!

特にはないわ。とにかく**良い印象を与える**ように頑張って!

265 put one’s feet up

両足を上にあげる

▼

休む

疲れた時に、腰掛けながら足を高いところにもたれさせると疲れが取れることから生まれた表現です。

Friday, finally! It’s been such a long week.

やっと金曜だ！　長い1週間だったな。

I know. I can’t wait to go home and put my feet up this evening.

そうだね。早く帰って今晩は**ゆっくり休みたい**よ。

266 put one’s foot down

足を下に置く

▼

断固たる態度を取る

大地に足を踏みつけて、しっかりと立つことから生まれた表現です。

One of my co-workers keeps making casual sexist comments at work.

私の同僚、職場で軽い感じでセクハラ発言をするのよ。

You just have to put your foot down and tell him that’s not acceptable.

断固たる態度で、それは許されないことだって言わなきゃ。

267

put the cart before the horse

馬の前に荷馬車を置く

▼

本末を転倒する

本来は馬の後ろに荷馬車を置いて、馬が引っ張る形ですが、馬の前に馬車を置いてしまったら引っ張ることができなくなることから生まれた表現です。物事の順序を誤っている時に使われます。

I’ve decided on this car, but I haven’t sold my old car yet.

この車に決めたけど、まだ自分の古い車を売ってないんだ。

Aren’t you **putting the cart before the horse**?

それって**本末転倒**じゃないの?

268

quit ~ cold turkey

冷たい七面鳥で～をやめる

▼

きっぱりとタバコ(麻薬)をやめる

なぜ「冷たい七面鳥」(cold turkey)かというと、麻薬などの薬物をやめた時の禁断症状で鳥肌が立つことがあり、その肌が死んで冷たくなり羽をむしり取られた七面鳥の肌に似ているから、という説が有力です。きっぱりとやめることが強調される表現であることから、talk (cold) turkeyといえば、「率直にものを言う」という意味になります。

I don’t see you smoking these days.

最近、君がタバコを吸っているところを見てないけど。

As a matter of fact, I **quit smoking cold turkey** last month.

実は先月、**きっぱりと禁煙した**んです。

269 rain cats and dogs

ネコとイヌの雨が降る

▼

土砂降りの雨が降る

雷や稲妻がイヌとネコの喧嘩の音に似ているという説や、かつてイギリスでは干し草の屋根の上でイヌやネコが寝ていて、大雨が降ると雨と一緒に落ちてきたという説や、ロンドンの大洪水後、イヌとネコの死骸がたくさんあったという説などがあります。The rain came down in torrents.「土砂降りの雨だった」のような表現もあります。

Oh, my gosh! How wet you are!

おやおや、びしょびしょじゃない！

It's raining cats and dogs outside.

外は**土砂降りの雨**だよ。

270 rain on one's parade

パレード中に雨を降らせる

▼

計画や楽しみに水をさす

楽しいパレードの最中に雨が降ってきた時の気持ちをイメージすればわかりやすいでしょう。否定的なことや良くない知らせを言ったりして人の楽しみを損ねることを表します。

I heard your uncle got really drunk at your wedding.

叔父さん、あなたの結婚式でめちゃくちゃ酔っ払ったらしいじゃない。

Yeah! He sure did rain on my parade that day.

そうなの！　ホントに私の特別な日を**台無しに**したわよ。

271 # rain or shine

雨が降っても晴れても

▼

どんな時にも

whether it rains or shines「雨が降ろうが日が輝こうが」の短縮形で、「晴雨にかかわらず」「どんなことがあっても」の意味で使います。

It was nice of your friend to come and help today.

お友だちが今日手伝いに来てくれてありがたかったわね。

Yes, he's always reliable, rain or shine.

うん、彼は**いつでも**頼りになるんだ。

272 # rat race

ネズミの競争

▼

ばかげた競争、出世争い

rat（通例はドブネズミ）は裏切り・卑劣・不潔を連想させる動物であることから生まれた表現で、「ばかげた競争」や同僚との「出世争い」の意味で使われます。

New smartphone models come out every 3 months.

3ヵ月ごとにスマホの新型が出るね。

I know. It's a rat race in that industry.

そうだよね。あの業界は**きりのない競争世界**だわ。

273

reach for the sky

空に手を伸ばす

▼

望みを高くもつ

文字通り、遠く離れた空に向かって手を伸ばすことが原義で、高い望みをもつことを表す表現です。同じ意味の表現に、reach for the starsがあります。関連表現として、ask for the moon「月を求める」やcry for the moon「月を求めて叫ぶ」があり、「不可能なことを望む」という意味です。

Now that I'm graduating soon, I'm a bit scared to go out into the real world.

もうすぐ卒業だけど、社会に出て行くのがちょっと怖いわ。

Reach for the sky! You can do anything if you set your mind to it!

望みは高く！ やる気になればどんなことでもできるよ！

274

read between the lines

行間を読む

▼

言外の意味をくみ取る

この場合のlinesとは「線」ではなく「行」のことで、「行と行の間を読む」が直訳で、「言外の意味をくみ取る」の意味になります。今風の言葉でいえば「空気を読む」といったほうがわかりやすいでしょう。

Why is your wife upset? Didn't she say she didn't mind you going out?

奥さんどうして怒っているの？　飲みに行ってもいいって言われたんだろ？

She says I need to learn to **read between the lines**.

空気を読めって言われたよ。

275

red tape

赤いテープ

▼

官僚的で面倒な手続き

18世紀のイギリスで、役人や弁護士などが公文書を保管するのに赤いテープで束ねていたことに由来します。「官僚的形式主義」とか「官僚的で面倒な手続き」を皮肉る表現として使われるようになりました。「形式的な手続きを済ませる」は go through the red tape や cut through the red tape といいます。

Have you sent the visa application in yet?

ビザの申請、もう送った?

I have, but it took me so long to even get it ready as there was so much **red tape**.

送ったよ。でも**面倒くさい手続き**がたくさんあって、準備するだけでもすごく時間かかった。

276

red - letter day

赤文字の日

▼

記念すべき日、特別な日

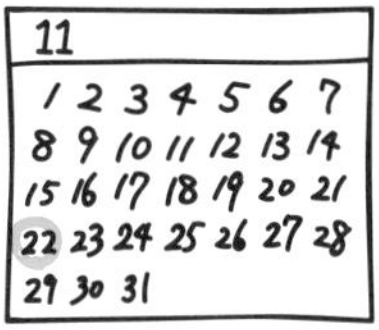

現在のカレンダーでは日曜日や祝日が赤く記されていますが、ヨーロッパ中世の頃は、イエスキリストやほかの聖人たちにまつわる祝祭日を赤く記していたことに由来します。現在、この red-letter day は、個人や団体の「記念日」や「めでたい日」を表すのに使われます。

My wife is quite upset because I forgot our wedding anniversary yesterday.

昨日の結婚記念日を忘れちゃってさ、妻がかなり怒ってるんだ。

It's a **red-letter day**! How can you forget it!

特別な日じゃない！　忘れるなんてどういうこと！

277 rest on one’s laurels

月桂冠にもたれる

▼

成功に安んじて何もしない

古代ローマやギリシャでは、戦いや競技の勝者に栄誉をたたえて「月桂冠」(laurels)が与えられたことから、laurelsには「名誉」や「栄誉」の意味があります。rest on laurelsは栄誉にもたれることから、「過去の栄光にあぐらをかく」というイメージです。

I think I achieved a lot during my term on the regional government.

僕は地方自治体での任期中は、大きな功績を挙げたよ。

You did. But if you just rest on your laurels, you won’t be elected again.

そうね。でも**過去の成功に満足しているだけ**じゃ、次の選挙では勝てないわよ。

278 ride a tiger

トラに乗る

▼

不安定な生活をする

トラ (tiger) はその姿から、勇気・優美なものの象徴とされるだけでなく、fight like a tiger(激しく戦う)のように、勇ましさもイメージさせる動物です。また、呼びかけの語として、You can do it, tiger.「君ならできるよ」などと使うこともできます。しかしride a tigerは、トラに乗るのはどう考えても危ない、ということから生まれた表現です。

To be honest, I didn’t think a hotel business would be this hard.

正直に言って、ホテル経営がこれほど大変だとは思わなかったよ。

Well, you’re riding a tiger. You just have to keep trying.

そりゃ**大変なこと**よ。とにかく頑張らなきゃ。

279

right around the corner

角を曲がったところに

▼

もうすぐそこに

文字通り、The post office is right around the corner.「郵便局は角を曲がってすぐのところにあります」のように場所を表す場合のほかに、何かの時期がすぐそこまで来ている、ということも表します。

It's so nice to finally have some warm weather!

やっと暖かくなってきたわね！

I know! Spring must be right around the corner.

ほんと！　もう春は**すぐそこ**ね。

280

right off the bat

バットを離れてすぐに

▼

すぐに、いきなり

野球で、打席に立つ打者のバットがボールに当たった瞬間にボールがいきなり離れていく様子から生まれた表現です。

Did you enjoy your first skiing last week?

先週の初めてのスキーは楽しめた?

Not really. I fell down right off the bat, and that's pretty much what I did all day.

いいや。**すぐに**転んでさ、それを一日中繰り返してたって感じだよ。

281 **ring a bell**

鐘を鳴らす

▼

～でピンとくる、はたと思いつく

時計が普及する以前、授業の開始やそのほかの行事の開始の合図に鐘が使われていたことに由来します。

Do you remember Jack from our elementary school? He was quite tall with very short ginger hair.

小学校の時のジャック、覚えている？　けっこう背が高くて、すごく短い赤毛の子。

That rings a bell.

ああ、**なんとなく覚えている**。

282 **roll out the red carpet**

赤い絨毯を敷く

▼

丁重にもてなす

貴賓や国賓を迎える際に、赤い絨毯を敷いて歓迎したことから生まれた表現で、red carpetは「丁重なもてなし」の意味になります。また、get a red-carpet treatmentなら「丁重なもてなしを受ける」になります。

Are you sure I can stay with your parents when I visit Paris?

パリに行ったら本当にご両親のところに泊まっていいの？

Absolutely! They will roll out the red carpet for you.

もちろんよ！　**すごくもてなして**くれるわよ。

283 roll up one's sleeves

そでをまくり上げる

▼

本気で仕事に取り組む心構えをする

roll up one's sleevesの直訳は「そでをまくり上げる」で、そこから「腕をまくって、本気で仕事に取り組む心構えをする」とか「まじめに仕事に取り掛かる」の意味になります。また、ケンカをするためにそでをまくり上げることもあります。

Your new house looks like it needs a lot of work.

あなたの新居、修理が大変そうね。

Yes, but if we roll up our sleeves, we'll get it done in no time.

ああ、でも**気合い入れて頑張れば**すぐに終わるよ。

284 rotten apple

[rátn]

腐ったリンゴ

▼

愚か者、ろくでなし

R

One rotten apple spoils the barrel. という諺がありますが、樽にある1個の腐ったリンゴはほかのリンゴを腐らせてしまうことに由来し、集団の中で他者に悪影響を与える人を表します。a rotten appleの代わりにa bad appleともいいます。日本語では「腐ったミカン」と表現するのが面白いですね。

I heard your horrible neighbor has moved.

君のとこのひどいご近所さん、引っ越したんだってね。

He has. We're so happy. He was a rotten apple in this peaceful neighborhood.

そうなの。良かったわ。あの人はこの平穏な地区の**癌**だったわよ。

285 round the clock

時計の針がグルっと回って

▼

まる一日中

時計の短針がグルっと回るイメージです。日本語では四六時中とか二六時中という言葉がありますが、これは4×6=24時間で1日、2×6=12時間で半日、ということですね。

How's your newborn?

生まれた赤ちゃん、どう?

She wants to be fed, changed, or held round the clock!

ミルクをあげて、おむつを替えて、抱っこして、**一日中**それ!

286 rule the roost

鳥の止まり木を支配する

▼

実権を握る、牛耳る

roost は鳥の止まり木のことで、rule the roost は文字通り、止まり木にいる一群の鳥を親鳥が支配することから「実権を握る」という意味になります。ほかにも roost を使った表現で、Curses, like chickens, come home to roost.「呪いはひな鳥のようにねぐらに戻ってくる」もあり、日本語の「人を呪わば穴二つ」のことです。

My wife rules the roost on Christmas Day.

クリスマスの日は妻が**仕切る**んだ。

You shouldn't complain. She needs to cook dinner for 15 people after all!

文句言えないだろ。彼女は15人分も食事を用意しなきゃいけないんだから!

287

see stars

星を見る

▼

目から火が出る

頭を急に振ったり、強くぶつけたりした時に星のようなものを見ることがありますが、英語でも see stars（星が見える）で、「目から火が出る」とか「目がくらむ」の意味で使われます。

I ran straight into a closed door yesterday. ／ Were you OK?

昨日、閉まってるドアに激突しちゃったんだ。　大丈夫だったの？

I was eventually, but I **saw stars** when I did it.

まあね。でもぶつかったときは**目がくらんだ**よ。

288

see the glass as half empty

コップの水を半分空っぽと見る

▼

悲観的に見る

コップに半分残った水を見て、「もう半分しかないのか」と否定的に考えることから「物事を悲観的に見る」という意味になります。逆に、see the glass as half full「まだ半分もある」と考えれば、「物事を楽観的に見る」「前向きに見る」になります。

What's your boyfriend's mom like?

あなたのボーイフレンドのお母さんってどんな人なの？

She's the kind of person who always **sees the glass as half empty**.

物事をいつも**悲観的に見る**ような人なのよ。

289 sell like hot cakes

ホットケーキのように売れる

▼

飛ぶように売れる

ハンバーガーやホットドッグがなかった頃、ホットケーキは最も人気があって売れていたという説と、hot cakesは「焼きたてのケーキ」が語源で、焼きたてのケーキは美味しくてすぐに売れてしまう、という説があります。同意表現に、fly off the shelves(棚から飛んでいく)もあります。

What about the book you published recently?

最近出した本はどうですか?

It's **selling like hot cakes**.

飛ぶように売れていますよ。

290 sell one's soul to the devil

悪魔に魂を売る

▼

(金のために)良心に反した行動をとる、どんな犠牲も払う

お金のためであるなら、たとえ自分の良心を捨ててでも何でもすることから、「良心に反した行動をとる」という意味になります。

They **sold their souls to the devil** when they bribed the principal.

校長に賄賂を渡すなんて、彼らは**良心を捨てた**ね。

I know. It's sad, isn't it?

そうだね。悲しいことだよね。

291

separate the sheep from the goats

羊とヤギを区別する

▼

善人と悪人を区別する

イエス・キリストがthe Lamb of God（神の子羊）とたとえられるように、羊は誠実・純真の象徴です。一方、ヤギは「罪を負わされたもの」や「身代わり」の意味を持つscapegoat（スケープゴート）という言葉があるように、扱いにくく、手に負えないものの代表で、好色・淫乱・悪魔の象徴とされています。

She seems to keep going out with the wrong guys.

彼女はいつも良くない男と付き合っちゃうわね。

She's definitely not good at **separating the sheep from the goats**.

良い人と悪い人の区別をつけるの、得意じゃないわよね。

292

shoot from the hip

腰から銃を撃つ

▼

軽率に行動する、考えずにその場ではっきり言う

日本語でhipは「お尻」ですが、英語では「腰の左右に張り出した部分」をいいます。shoot from the hipとは、西部劇で腰の銃ケースから銃を取り出しいきなり相手を撃つことで、これは正確さを欠く行為です。そこから「早合点する」「軽率な行動をとる」ことを表すようになりました。また「考えずにその場ではっきり言う」の意味もあります。

How did she deal with his racist remarks?

彼女は彼の人種差別的な発言に対してどうしたの?

She just **shot from the hip**.

その場ではっきり言ったわよ。

293 shot in the arm

腕の注射

▼

元気づけるもの

この場合のshotとは薬の注射のことで、腕に注射をしてやる気を起こさせたり、人を元気づけたりするカンフル剤の意味で使われます。なお、a shot of whiskyといえば「ウイスキー1杯」ですが、これも人を元気づける1杯のウイスキーが原義です。

What's the new manager like?

新しいマネージャーはどんな感じ?

She's been such a shot in the arm.

まさに**必要としていた人**。

294 shotgun wedding

ショットガンの結婚式

▼

(妊娠させたための)強制された結婚

ショットガン(shotgun)とは散弾銃や猟銃のことですが、自分の娘を妊娠させた相手の男性にショットガンを突き付けて結婚を強制することから生まれた表現です。shotgun marriageともいいます。

I didn't realize Tom and Wendy had got married so young.

トムとウェンディーがそんな若い時に結婚したなんて知らなかったよ。

It was a shotgun wedding.

彼女が**妊娠したから**さ。

295 # shoulder to cry on

泣くための肩

▼

悩みを聞いてくれる人

cry on someone's shoulder（人の肩の上で泣く）は、心配などを打ち明けて「人に同情を求める」とか「人に悩みを聞いてもらう」という意味ですが、そこから出た表現です。ひどく悩んでいることや悲しい出来事があって、親友の肩に顔を埋めて涙を流す姿をイメージすると、わかりやすいでしょう。

It's been 3 months since my mother died, and I still find it hard every day.

母が亡くなって3ヵ月も経つけど、まだ毎日がつらいの。

So sorry. I'm always here if you need a shoulder to cry on.

かわいそうに。**話したかったら**いつでもここにいるから。

296 # show ~ the door

～にドアを見せる

▼

～を追い払う

嫌な人に部屋から出て行ってもらうために、無愛想にドアを指さし、帰るように促す時に使う表現です。close the door to ～ なら「戸を閉めて～を中に入れない」という文字通りの意味と、「チャンスや良い機会に手を伸ばすことができなくなる」という意味もあります。

Our dinner was almost ruined《[rú:ind]》 by that horrible customer at the restaurant.

レストランにいたあのひどい客のおかげで、食事が台無しになるところだったわ。

Yeah, but thankfully the manager showed him the door straight away.

そうだね。でも店長がすぐに**追い払って**くれてよかったよ。

297

show one’s true colors

本当の旗を見せる

▼

本性を現す

この colorsとは「旗」です。大洋を航海する船は自国の国旗を掲げますが、かつて軍艦は敵を欺くため、敵国と親しい国の旗を掲げることもありました。旗によって自分が敵か味方かを相手に示したことから、この表現が生まれました。in one’s true colorsなら「ありのままの姿で」という副詞になります。

Can you believe Ellie’s boyfriend’s behavior at the party last night?

昨日のパーティーでのエリーの彼氏の行動、信じられる?

He really showed his true colors.

まさに**本性を現した**わよね。

298

skeleton in the closet

押入れの骸骨

▼

家庭内の秘密、恥ずかしい事実

言うことに従わない妻を次々と殺したBluebeard『青ひげ』という童話に由来します。夫は仕事で留守をする時に、妻に部屋のすべての鍵を渡すが、一部屋だけ入室を許さなかった。妻が好奇心からその部屋を開けると、前妻たちの死体がそこにあった、という話です。

What do you think of the new candidate?

あの新しい候補者、どう思う?

There’s something odd about him. I bet he's got skeletons in the closet.

なんか変だよ。絶対**秘密**を持っているよ。

299 slap in the face

顔をぴしゃりとたたくこと

▼

侮辱

slapは平手や平たいもので「ぴしゃりとたたく(こと)」という擬音語ですが、slap in the faceとは、顔を平手でぴしゃりとたたくことから「侮辱」や「屈辱」の意味を表します。

I thought you and Sally were best friends.

あなたとサリーって親友じゃなかった?

We used to be. But her spreading rumors about me was a slap in the face.

前はね。でも彼女が私の悪い噂を流していたのは**侮辱**よ。

300 slap on the wrist

手首への平手打ち

▼

軽い罰、軽い非難、警告

子供同士の罰ゲームの1つに、相手の手首を人差し指と中指でたたく「しっぺ」というのがありますが、これを英語にすればa slap on the wristで、「軽いお仕置き」や「軽い非難」の意味で使われます。a slap on the back(背中への平手打ち)は「激励」や「誉め言葉」の意味になります。

It was such a sexist comment, and all he got was a slap on the wrist!

彼はすごく男女差別的なことを言ったのに、**ちょっと注意された**だけで終わったのよ!

His boss sure didn't deal with the issue properly.

それは彼の上司がちゃんと対処しなかったわね。

301

sleep like a log

丸太のように眠る

▼

ぐっすり眠る

材木置き場に置かれた丸太は重くてピクリとも動かないことから生まれた表現で、sleep like a baby（赤ちゃんのように眠る）も同意表現です。

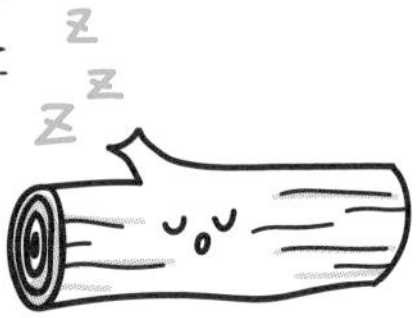

It's been such a long day. I'm exhausted.

長い一日だった。超疲れたよ。

You'll sleep like a log tonight.

今晩は**ぐっすり眠れる**ね。

302

sleep on it

その上に眠る

▼

ひと晩考える、ちょっと考える

sleep on itは「その上でひと晩寝る」ことが原義で、提案されたことに対して、なかなか決心がつかない時に使う表現です。この表現は、その日のうちに答えを出す場合にも使うことができます。提案に対して「ちょっと考えさせて」ならLet me sleep on it. といいます。

The job sounds great, but I just feel it may not be the right way to go.

いい仕事だけど、進むべき方向じゃない気もするの。

Just sleep on it.

ちょっと**考えてみな**よ。

303 smell a rat

ネズミのにおいをかぐ

▼

疑わしいと思う

手袋をなくして叱られた3匹の子ネコが、手袋を見つけパイをもらうが、手袋でパイを食べたので汚してしまい、再度母親から叱られます。今度は手袋を洗い乾かしたと言いますが「近くにネズミのにおいがする」と言って子ネコたちを疑った、というマザーグースの詩に由来します。同意表現に、fishy(疑わしい)があります。

Where's my cake, Dad? Did you eat it? ／ Umm… No, I didn't.

お父さん、ケーキは?　食べちゃったの? ／ う～ん、食べてないよ。

Are you sure? I **smell a rat**.

ホント?　**あやしいな**。

304 snake in the grass

芝生の中のヘビ

▼

目に見えない敵、油断のならない友、偽りの友

芝生の中に隠れて不意に獲物を捕まえようとするヘビのイメージから、仲間であるふりをして裏切る者をたとえた表現です。ヘビは洋の東西を問わず、悪いイメージがつきまとう生き物のようですね。

Did you hear that Roger's friend stole money from his bank account?

ロジャーの友だちが彼の銀行口座からお金を盗んだって聞いた?

What a **snake in the grass**!

何て奴だ!

305 snap one's fingers

指をパチンと鳴らす

思い立つ

何かが折れたり壊れたりした時に出る音を、英語ではsnapで表します。snap one's fingers「指をパチンと鳴らす」行為は、相手の注意を引いたり、急に思い立ったりした時に使われます。

What, so you decided to move to Australia only 2 months ago?

え、オーストラリアに引っ越すって、たった2ヵ月前に決めたの?

That's right. One morning I woke up and snapped my fingers, and here I am, 2 months later!

そうよ。ある朝起きた時に、**パッとそう決めて**、2ヵ月経った今、ここにいるってわけ。

306 someone's ears are burning

人の耳が火照っている

人のうわさをしている

日本では、くしゃみをすると「誰かうわさしてるのかな?」などと言ったりしますが、英語圏では、自分のうわさをされている時は、自分の耳が火照っている(My ears are burning.)という表現をします。

Were your ears burning last night? We were talking a lot about you.

昨日の夜、**耳が火照って**なかった? あなたのことたくさん話していたから。

I don't think I want to know.

どんなことか知りたくないね。

307 sour grapes

酸っぱいブドウ

▼

負け惜しみ

イソップの『キツネとブドウ』の寓話で、高いところに茂っているブドウに手が届かず取れなかったキツネが、「どうせ、あのブドウは酸っぱいさ」と負け惜しみをいってあきらめたことに由来します。

Is Amy feeling OK about the rejection from that college?

エイミーはあの大学から入学却下されて、落ち込んでない？

She's now saying she didn't want to go there anyway, but I think it's just sour grapes.

どうせあそこには行きたくなかったって言っているけど、ただの**負け惜しみ**だと思うわ。

308 spill the beans

豆をまく

▼

秘密を漏らす

古代ギリシャ時代、秘密クラブの入会は投票で決められていました。その際、白い豆（賛成票）か黒い豆（反対票）を壺の中に入れて、全会一致が原則でした。ところが、投票の途中で、壺をひっくり返してしまったために、投票そのものが無効になってしまった、ということから転じて生まれた表現です。

This is just between you and me.

これはここだけの話だからね。

I know, I won't spill the beans to anybody.

わかっている。**秘密は**誰にも**漏らさ**ないよ。

309 spin one's wheels

自動車の車輪をぐるぐる回す

▼

仕事に精を出すが進歩がない、空回りする

ぬかるみや溝にはまり込んだ自動車が車輪を回転させても全然動かないことから、「仕事に精を出すが進歩がない」とか「空回りする」という意味で使われます。

How's your research project progressing?

研究プロジェクトは進んでいる?

It's just spinning its wheels at the moment while we wait for more funding to come in.

資金支援が入るのを待っている今は、**空回り状態**だよ。

310 split hairs

髪の毛を分ける

▼

細かく詮索する、重箱の隅をつつく

髪を1本ずつ分けるというのが原義です。さ細なことやどうでもいいことにこだわることで「屁理屈を言う」「細かく詮索する」「重箱の隅をつつく」などを意味します。

How's their divorce settlement going?

彼らの離婚調停はどんな感じで進んでいる?

Not well. They're splitting hairs over everything.

うまくいってないわ。お互いに**細かいことをくどくど言い合っている**わよ。

311

spread like wildfire

山火事のように広がる

▼

瞬く間に広がる

山火事のように止めようもないくらいの勢いで広がることが原義で、うわさや疫病など、良くないものが一瞬のうちに広がることを意味する表現です。spreadの代わりにgo roundを使用しても同じ意味になります。

The news of that teacher's scandal has **spread like wildfire**.

あの教師のスキャンダルは**瞬く間に広まった**なぁ。

I expect the news of his dismissal any moment.

もうすぐ解雇のニュースが入ってくるでしょうね。

312

spring up like mushrooms

キノコのように成長する

▼

雨後の竹の子のように出る

勢いよく成功する様子を日本語では「雨後の竹の子のように」といいますが、英語では「キノコのように」と表現します。sprout up like mushroomsも同義です。mushroomは早い成長を象徴し、「急成長する」という意味で、a mushroom town「新興都市」のようにも使われます。

The town looks so different now!

この町も変わったわね！

Doesn’t it? New shops and cafes have **sprung up like mushrooms** over the last few years.

そうでしょ？　この数年で、新しい店やカフェが**どんどん出てきた**の。

313 stab ~ in the back

～の背中を刺す

▼

～を裏切る

He stabbed me in the back. という文は「彼は私の背中を刺した」とも「彼は私を裏切った」とも解釈できます。「裏切る」という意味で使用する場合、主に、家族や親友、ビジネスパートナーなど、信頼している人から裏切られた場合に使います。a backstabber は「裏切り者」です。

Did you not invest a lot into your friend's company?

友だちの会社にたくさん投資したんじゃなかった?

I did, then he just stabbed me in the back as soon as it started making a profit.

したよ。で、利益が上がってきた途端に**裏切られた**よ。

314 stage fright

舞台での恐怖

▼

S

初舞台の不安感、人前であがること

fright とは突然に襲う激しい「恐怖」ですが、stage fright は文字通り、舞台に上がった時に感じる緊張感のことです。get stage fright で「人前であがる」です。

Are you excited about the award ceremony tomorrow?

明日の受賞式、楽しみ?

I am, but I just hope I won't get stage fright!

うん、でも**あがら**ないといいんだけど!

315

stick to one’s guns

大砲にしがみつく

▼

一歩も譲らない

この場合のgunは「大砲」のことで、敵に包囲されても最後まであきらめずに、自軍の大砲にしがみついて離れないことから、戦いや議論などで「一歩も譲らない」ことを表します。stand by one’s guns（銃のそばに立つ）も同意表現です。

So you’ve turned down that job offer?

じゃあ、あの仕事の採用を断ったんだ?

Yes. Everyone tried to persuade me to take it, but I stuck to my guns.

うん。みんなやったほうがいいって言ってきたけど、僕は**譲らなかった**んだ。

316

stir up a hornet’s nest

[stə́ː] [hɔ́ːrnit]

スズメバチの巣を揺り動かす

▼

面倒を引き起こす、多くの人を怒らせる

日本語にも、大騒ぎになって手の付けられない状況を「ハチの巣をつついたような」という表現がありますが、英語では「スズメバチの巣を揺り動かす」と表します。

Did you go to the school’s meeting last night?

昨夜の学校の会合、行った?

I did. Mrs. Smith’s remarks about PTA participations really stirred up a hornet’s nest.

行ったわよ。PTA活動参加についてのスミスさんの意見には、**みんな怒っていた**わ。

317 stone's throw

石を投げること

▼

近距離

a stone's throw from～の形で、「～から石を投げても届くほどの距離」から「近距離」であることを示す表現です。

How far is your house?

家はどれくらい離れていますか。

It's just a stone's throw from the station.

駅から**すぐ近く**です。

318 swan song

白鳥の歌

▼

最後の作品、最後の演技

白鳥は死ぬ直前に、この上もなく美しい歌を歌うという伝説から生まれた表現です。ちなみに、swanの語源はゲルマン祖語で「歌を歌う鳥」のことで、印欧祖語で「音を立てる」という意味のswenにさかのぼることができます。sound（音）も同語源です。

When is your next book coming out?

次の本はいつ出ますか?

Next month. This will be my swan song.

来月です。これが私の**最後の本**ですよ。

319

take ~ with a grain of salt

ひと粒の塩で～を取る

▼

～を多少疑ってかかる

レストランで注文した料理に、味も確かめずに塩やコショウをかける人がいますが、そういう人たちは調理されたものが薄味であるという先入観があるからでしょうか。with a grain of saltは文字通り「塩を少しかけたほうがいいだろう」という、味に疑いのある気持ちが表されています。

Andy told me that Emma and Alex are together.

アンディーが、エマとアレックスが付き合っているって言ってたわ。

If it's from Andy, I would take that information with a grain of salt if I were you.

アンディーから聞いたなら、私だったらその情報は**ちょっと疑う**わね。

320

take a nosedive

鼻から突っ込む

▼

急落する、暴落する、急降下する

垂直・水平飛行が可能な輸送機のオスプレイ(osprey)は猛禽類のミサゴに由来し、この鳥は上空から急降下して水面近くにいる魚を捕ることで知られています。この行為がまさに、take a nosedive です。ちなみに、つんのめって顔から地面に突っ込むことはface-plantといいます。

How's your father doing?

お父様の容態はどうですか?

His condition was stable for a while, but then he's taken a nosedive in the last few weeks.

しばらく落ち着いていたんですけど、ここ数週間で**急激に悪化して**しまったんです。

321 take a rain check

雨天順延権をもらう

▼

後で受け取ると約束する

野球が雨で中止になった時に、客に配られた次の試合のチケットに由来する表現です。誘いや申し出を次の機会に受け入れることを伝える時に使います。

I'm sorry, but I'll have to take a rain check to the movie this weekend–something has come up.

ごめん、今週末の映画の約束、また**次の時**でいい? 急用ができちゃって。

Oh, OK. How about next weekend?

あ、そうなんだ。じゃあ来週末はどう?

322 take French leave

フランス人の休暇を取る

▼

ずる休みをする

かつてフランスでは、招待されたパーティー会場を主催者に挨拶をせずに退出する習慣があったことから、take French leave（フランスの休暇を取る）で「無断で退出する」とか「ズル休みをする」という意味で使われるようになりました。

Hey, what do you say to taking French leave this afternoon?

ねえ、午後**抜けださ**ない?

Good idea. Let's go to a cafe!

いいねぇ。カフェに行こうよ!

323 take the bull by the horns

牛の角をつかむ

▼

勇敢に難局に当たる、勇気をもって立ち向かう

闘牛士が危険をかえりみずに角をつかんで雄牛を抑え込むことから、難局に敢然と立ち向かうことを表します。

I **took the bull by the horns** and confronted my boss about his blatant [bléɪtnt] racist comments.

上司の露骨な人種差別的発言のことを、**勇気出して本人にはっきり指摘した**わ。

Good job! You should take the matter to the directors as well.

すごいじゃない！　もっと上層部にも報告したほうがいいわよ。

324 take the cake

ケーキを取る

▼

最高だ、最低だ

もとは、アメリカン・アフリカンの競技でケーキウォーク（cake walk）というのがあり、最も風変わりな歩き方をした組に賞品としてケーキが与えられたことに由来する表現です。優勝するのが比較的簡単であったことから、皮肉って「最低」の意味で使うこともあります。

Wow! That **takes the cake**! What a dive!

わあ、**最高だね**。すごいダイビングだ！

Definitely.

確かに。

325 take the fifth

5番目を取る

▼

黙秘権を使う

自分に不利な証言は拒否できるという権利、つまり黙秘権を認めるアメリカ憲法の修正第5条に由来する表現です。なお、take five はtake five minutes' break の略で、「5分間（または少し）休む」という意味になります。

Why did your girlfriend suddenly decide to finish with you?

君の彼女、なんで突然別れるって？

Can I take the fifth on that question?

その質問は**黙秘**していい？

326 tempest in a teapot

ティーポットの中の嵐

▼

さ細なことでの大騒ぎ、空騒ぎ

tempestは「大嵐」や「暴風雨」のことですが、この場合は「大騒ぎ」や「騒動」の意味で、ティーポットという小さいものの中で大騒ぎをすることから「空騒ぎ」の意味で使われる表現です。イギリスでは、a storm in a teacup（ティーカップの中の嵐）と表現します。

How long did the argument continue?

けんかはどれくらい続いたの？

It was over quickly. It was a tempest in a teapot.

すぐに終わったよ。**さ細なことでの大騒ぎ**だったよ。

327 that's how the cookie crumbles

そのようにクッキーは砕ける

▼

世の中そんなに甘くない

クッキーはどんな形のものであっても、いずれは砕けたり崩れたりする運命にあり、それを表現したのが、That's how the cookie crumbles.です。同意表現にThat's the way the ball bounces.（そのようにボールは弾む）があります。いずれも、韻を踏んでいます。

I'm sorry about your new office location.

職場の引っ越し先、残念だったわね。

Yeah, it really is quite far. But that's how the cookie crumbles.

ああ、マジでかなり遠いよ。でも**世の中そんなもん**だよな。

328 the apple of someone's eye

〜の目のリンゴ

▼

〜がとても大切にしているもの

apple of someone's eyeとは、瞳孔の形をリンゴにたとえて表現したもので、人の目の瞳孔のように大切なものという意味です。日本語の「目の中に入れても痛くないほど愛おしいもの」と発想が似ていますね。

She'll do anything for her little boy, won't she?

彼女は息子さんのためなら何でもするわよね。

Yes. He's always been the apple of her eye.

ああ、いつもあの子を**とても大切にして**きたんだ。

329 the ball is in your court

ボールは君のコートにある

▼

さあ、今度は君の番だ

この場合のcourtはテニスコートのことで「ボールはあなたのコートにある」ということから「今度はあなたの番です」という意味と「今度はあなたが決めてください」という意味で使うこともできます。The ball is with you.も同意表現です。

My girlfriend told me yesterday that she wants us to get married.

きのう僕の彼女が、結婚したいって言ってきたんだ。

Well, she's told you what she wants. Now the ball is in your court.

彼女ははっきり希望を伝えたんだから、**今度は君の番だ**ね。

330 the black sheep of the family

家族の黒い羊

▼

家族の厄介者

白い羊の毛は何色にも染めることができますが、黒い羊の毛は染めることができないという点で利用価値がないという意味をもつ表現です。家族内のことだけでなく、集団や会社内など幅広く使われます。sheep(羊)は「気の弱い人」や「人の言いなりになる人」の意味もあり、He's like sheep. なら「彼には主体性がない」ことを表します。

Bill is always getting in trouble and bringing shame to the family name.

ビルはいつも問題を起こして家名を汚してばかりだね。

I know. He's certainly the black sheep of the family.

そうだね、彼は確かに**家族の厄介者**だよ。

331

the coast is clear

海岸には妨げるものがない

▼

邪魔ものはいない、やるなら今だ

この場合のclearは「晴れた」「澄んだ」の意味ではなく「妨げるものがない」という意味です。密貿易や密入国を企む人たちが、海岸に沿岸警備隊や警察官がいないことを仲間に知らせるセリフに由来します。アメリカで、from coast to coastといえば「全国で」という意味になります。

I can't let mom see me coming home this late.

こんな遅くに帰ってきたところをお母さんに見られたら大変。

Go in now! The coast is clear.

今入って！ **誰もいないから。**

332

the dog days of summer

夏のイヌの日に

▼

夏の暑い時期に

古代ローマ時代の天文学者たちは、the Dog Starと呼ばれていたシリウス（Sirius）が太陽とともに昇り、太陽とともに沈むことから、シリウスと太陽の熱で夏は暑くなると想像したようです。そのため、夏の暑い日をthe dog days of summerとよんでいたことに由来する表現です。

I don't understand how the kids can stay out all day playing in the dog days of summer like this.

子供たち、よくこんな**暑い日に**一日中外で遊んでいられるわね。

I know, I'm baking out here.

ホントだよね。私は暑くて焦げそうよ。

333 the last straw

最後のわら

▼

忍耐の限度を超えさせるもの

この表現は the last straw that breaks the camel's back(重い荷物を積んだラクダの背骨を折る最後のわら)がもとの形で、「忍耐の限度を超えさせるもの」という意味で使われます。

I heard you broke up with your boyfriend.

彼氏と別れたんだって?

We had problems, but when I found out he was sending messages to another girl, that was the last straw.

いろいろ問題はあったけど、ほかの女の子にメッセージを送ってたって知った時は、**もう無理だ**ったわ。

334 the lion's share

ライオンの分け前

▼

うまい汁、大部分

キツネ、ジャッカル、オオカミと一緒に狩りに出かけたライオンが、結局獲物を独り占めにしたという、イソップの寓話に由来します。獲物を4等分したあと、さまざまな理由をつけて3つ分を取り「最後の分は、自分に勝ったものにあげよう」と脅すと、ほかの3匹はあきらめて去っていった、という話です。

How should we split the profit?

利益はどうわけようか?

I think I should get the lion's share as I did most of the work.

ほとんど僕がやった仕事なんだから、**大部分**は僕のものだよ。

335

the tip of the iceberg

氷山の先端

▼

氷山の一角

海面上に浮かぶ氷山は全体のごく一部であることから、表面に出ている事柄は、その好ましくない物事全体のほんの一部で、もっと深刻な問題が隠れている、という表現です。

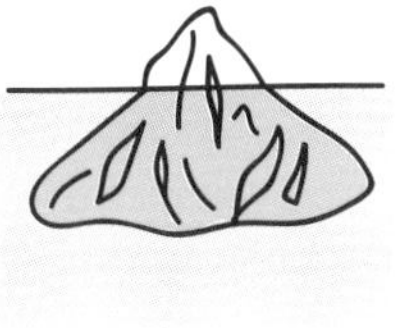

Did you see the footage of the flooding on TV?

洪水の映像、テレビで見た？

I did. It looked horrible. I bet what we saw was just **the tip of the iceberg**.

見たよ。ひどかったよね。テレビで見たのは被害の**ほんの一部にすぎない**と思うよ。

336

the world is someone's oyster

世界は～のカキである

▼

世界は～のものだ

この場合のoysterはただのカキではなく、真珠がとれるカキのことです。つまり、カキから簡単に真珠を取り出すように、簡単に成功を手に入れることを表す表現です。これはシェークスピアのThe Merry Wives of Windsor『ウィンザーの陽気な女房たち』の中のセリフに由来します。

Guess what! I finally passed the bar exam!

ねえ、とうとう司法試験に受かったんだよ！

Really? Congratulations! **The world is your oyster.**

ほんと？　おめでとう！　**もう世界はあなたのものね。**

337

think outside the box

箱の外で考える

自由で独創的な考えをする

箱の中で考えることはみな同じなので、箱の外に出て、型にとらわれない自由な発想から、独創的で斬新なアイデアを出す、という意味です。

I'm a little tired of the same traditional dishes at Christmas year after year.

クリスマスは毎年同じ伝統料理で、ちょっと飽きてきたわ。

I feel the same. We should try and **think outside the box**.

僕もだよ。**まったく違った**料理を考えてみようよ。

338

throw a wet blanket on ~

～に濡れた毛布を投げる

～に水をさす

燃え広がる炎を消すために、濡れた毛布（wet blanket）が使われることに由来する表現で、盛り上がっているパーティーなどをしらけさせる人のことをいいます。

How was Jane's birthday party?

ジェーンの誕生日パーティーはどうだった?

Kate **threw a wet blanket on** Jane by announcing her engagement.

ケイトが婚約発表してさ、ジェーンの日に**水をさした**形になったよ。

339

throw in the towel

タオルを投げ込む

▼

負けを認める、降参する

ボクシングの試合で、相手にぼこぼこに打たれてもう勝ち目がないとコーチが判断した時に、リング内にタオルを投げて負けを認めるというルールに由来する表現です。同意表現に、raise the white flag(白旗を上げる)があります。

How's your mobile hair salon business going?

出張美容院のビジネスはうまくいっている?

I'm about to throw in the towel. After 2 years, I'm still not making any profit at all.

もう**諦めよう**かと思っているわ。2年経つのに、全然利益になってないの。

340

throw one's hat in the ring

リングに帽子を投げる

▼

選挙に立候補する

賞金を懸けたボクシングの試合で、リングに帽子を投げ込んで出場の申し込みをする、という習慣から生まれた表現です。第26代アメリカ大統領になったセオドア・ルーズベルトがこの表現を「選挙に出馬する」という意味で使ったことから、一般的な表現となりました。

Is your father going to run for Mayor?

あなたのお父様、市長に立候補するの?

Yes, he has decided to throw his hat in the ring.

はい、**出馬する**ことにしました。

341 thumb one's nose

親指を鼻に当てる

▼

人を馬鹿にする

子供がよく使うジェスチャーで、人に向かって親指を鼻先につけ他の指を左右に振って、軽蔑や馬鹿にする気持ちを表す表現です。

Nick's behavior at school is getting worse.

学校でのニックの行いはさらにひどくなってきているわ。

I know. Apparently, he **thumbs his nose** at the teachers all the time.

そうみたいだな。先生に対しても、いつも**ばかにしたような態度をとる**らしいぞ。

342 thumbs up

親指を上げて

▼

賛成、OK

古代ローマのコロセウムでの剣闘士同士の戦いに由来します。負けた剣闘士を生かすか死なせるかは観客が決めることになっており、負けても勇敢に戦った者には、親指を上げて命を助けてあげるという意思を示したことから生まれた表現です。

Did you manage to submit the article in time?

あの記事の提出、間に合った?

Just! And my boss gave it his **thumbs up**.

ギリギリでね! 上司も、**良い記事だって**言ってくれたよ。

343

till the cows come home

ウシが帰って来るまで

▼

いつまでも

日本語でも、物事が遅々として進まないことを「牛歩」という言葉で表しますが、放牧中の乳牛は放っておくといつまでも戻ってこないことから生まれた表現です。

When do you think she'll finish writing that report?

彼女はいつそのレポートを書き終えると思う?

Well, probably not till the cows come home.

そうだなあ、たぶん**いつまでも**終わらないと思うよ。

344

toe the line

つま先に線をつける

▼

指示通りに行動する、方針に従う

T

軍隊で、兵士を一列に並べて検査をしたことに由来するという説と、陸上のトラック競技で選手がスタートラインに一列に並ぶことから、という説があります。同意表現に、toe the markがあります。

I don't think he'll last long in that strict school.

彼はあの厳しい学校で、長くもたないと思うわよ。

I agree. They completely expect you to toe the line there.

そうだな。あそこでは**完全に従う**っていうことを求められるからな。

345 turn one's back on ~

～に背を向ける

▼

～を無視する

文字通り、相手にこちらの背を向けて無視することから出た表現で、ほかに、turn a deaf ear to ～「聞こえない耳を向ける」やturn a blind eye to ～「見えない目を向ける」などの同意表現があります。

What did he do after he won that huge lottery?

彼は宝くじに大当たりした後はどうしたの?

He just turned his back on all his friends and soaked in his new extravagant lifestyle.

友だちをみんな**捨てて**、ぜいたくな新生活に浸っていたよ。

346 turn over a new leaf

新しいページをめくる

▼

改心して生活を一変する

この場合のleafは樹木の「葉」の意味ではなく、本の紙1枚分、つまり、「表と裏の2ページ分」の意味で、新しいレッスンのページをめくることから生まれた表現です。

Her brother made such a mess of his life, didn't he?

彼のお兄さん、人生めちゃくちゃにしちゃったんでしょ?

Yeah, but he really turned over a new leaf with rehab [rí:hæb] and counseling.

うん、でもリハビリとカウンセリングで、ちゃんと**心を入れ替えた**のよ。

347

turn the tables

テーブルを回す

▼

形勢を逆転させる、報復する

かつて、チェスのゲームで、劣勢の者を有利にさせるために、テーブルやボードを反転させ、つまり形勢を逆転させてゲームを面白くさせる習慣があったことに由来する表現です。

Naomi Osaka played an amazing game in the final!

大阪なおみは、決勝戦ですごい試合を見せたね！

She did! She really **turned the tables** in the 3rd set!

ホントだよね！　第3セットはすごい**逆転劇**だったね！

348

under a cloud

雲の下に

▼

疑われて

周囲は晴天なのに自分がいるところだけに暗雲がかかっている、つまり、疑いや非難の目で見られている、という表現です。また、常に自分だけが日陰者であると思い込むということから、「憂鬱な」の意味で使われることもあります。

Are Nikki and Tom back together after his affair?

ニッキーとトムは彼の浮気の後、よりを戻したの？

Yeah, but Tom has been **under a cloud** ever since.

うん、でもトムはあれ以来、ずっと**疑われている**よ。

349 under someone's thumb

人の親指の下で

▼

人の言いなりになって

人の親指に押さえつけられ、言いなりになるイメージから生まれた表現です。逆の「人を言いなりにさせる」は get someone under one's thumb です。ちなみに、親指を上げるThumbs up!（P176）は「賛成！」「いいね！」、親指を下げるThumbs down! は「反対！」「だめ！」の意思を表します。

Is Ken coming to today's party?

ケンは今日のパーティーに来る？

I'm afraid not. He's under his wife's thumb at the moment.

来ないと思う。今のところ**奥さんの言いなり**だから。

350 under the gun

銃の下で

▼

期限が迫って、追い詰められて

文字通り、銃を突きつけられた状況から、切羽詰まった状態や苦しい立場にあることを表す表現です。銃社会であるアメリカ独特の表現です。

Do you want to go out tonight?

今晩、出かけない？

I can't. I'm under the gun with this paper that's due tomorrow.

無理だな。明日締め切りのこのレポートで**切羽詰まっている**んだ。

351

under the table

テーブルの下で

▼

闇取引で、賄賂で

アメリカで禁酒法が実施されていた頃、禁止されていた酒が警察に見られないように、テーブルの下で取り引きされていたことに由来する表現です。under the counterも同意表現です。

I can't believe he got into a law school!

彼が法科大学院に入れたなんて！

Maybe his parents made an agreement with the school **under the table**.

親が学校側と**賄賂取引**したんじゃない?

352

under the weather

天気の下で

▼

少し二日酔いで、具合が悪い

悪天候や時化《しけ》の時には、船乗りの中にも船酔いを起こす者がいます。船酔いをした船乗りは揺れの少ないデッキの下（つまり、外の天気が見えない場所）に行って回復を待つことから生まれた表現です。普通に「今日は二日酔いです」なら、I have a hangover today.です。

Are you OK?

大丈夫?

I'm feeling a bit **under the weather**.

ちょっと**具合が悪い**んだ。

353 until hell freezes over

地獄が凍結するまで

▼

永遠に、ずっと

地獄といえば、炎が燃え盛るイメージがつきものですが、その地獄が凍ることはあり得ないことから生まれた表現です。when hell freezes over「地獄が凍結する時が来れば」は「決して〜でない」という意味で使います。

Is your boy still playing on the trampoline?

あなたの子、まだトランポリンで遊んでいるの?

Yeah, he'll keep jumping until hell freezes over.

そうなんだよ。もう**永遠に**やると思うよ。

354 upset the applecart

手押し車をひっくり返す

▼

計画を台無しにする

きちんと積み上げたリンゴをカートごとひっくり返すことから、念入りに立てた計画を台無しにすることを表します。

Are you all set for Jane's surprise party tomorrow?

明日のジェーンのサプライズパーティーの準備はできた?

Yes, now don't upset the applecart by telling her what's happening.

うん。彼女に言っちゃって**計画を台無し**にしないでね。

355 wallflower

[wɔ́:lflàuə]

壁の花

▼

引っ込み思案の女性

舞踏会やパーティー会場で、壁に飾られた花のように、「相手のいない若い女性」のことを指しますが、単に「引っ込み思案の人」の意味でも使われます。

How was the party last night?

昨夜のパーティーはどうだった?

I shouldn't have gone. I felt like a miserable **wallflower**.

行かなきゃよかったわ。**仲間に入れなくて1人で**最悪。

356 watch ~ like a hawk

鷹のように~を見つめる

▼

~を監視する、~に目を光らせる

鷹が獲物を捕らえる時の鋭い目つきから生まれた表現ですが、英語では鋭い目つきというよりも、遠くから獲物を見つけ出す眼力を連想させます。have eyes like a hawk は「鋭い目つきをしている」ことから「細かいことに素早く気づく」ことを意味します。

How about going for a drink after work?

仕事のあとに、一杯どうかしら?

I'm afraid I can't. My wife is always **watching me like a hawk**.

ちょっと無理かな。妻がいつも**目を光らせている**から。

357
wet behind the ears

耳の後ろが濡れている

▼

未熟な

英語では未熟さを表すのに「耳の後ろが濡れている」と表現します。これは、生まれたばかりの仔馬や仔牛の耳の後ろ側がなかなか乾かないことから生まれた表現です。同意表現に、He's (as) green as grass.「彼はまったくの青二才だ」やHe's still green.「彼はまだ青い」などがあります。

I hope I'll get a big raise soon.

近いうちに大きな昇給をもらえるといいな。

This is your first job and you've only recently started. You're still wet behind the ears.

初めての仕事で始めたばかりでしょう。まだ未熟なんだから。

358
when pigs fly

ブタが空を飛ぶとき

▼

まさか

ブタ(pig)は不浄や大食漢を連想させる動物ですが、そのブタが空を飛ぶはずがないということから生まれた表現です。In a pig's eye! も同意表現です。また、S will ～ when pigs fly. やPigs might fly if S ～. という表現は「まさかSが～することはないだろう」という意味で使われます。

I think I'll get up early tomorrow and hit the gym before work.

明日早く起きて仕事前にジムに行こうかな。

Yeah right, when pigs fly!

それはないね！

359 when the cat’s away

ネコがいない時に

▼

鬼の居ぬ間に

When the cat’s away, the mice will play.「猫がいない時にネズミたちは遊ぶ」という諺、つまり、監督者や目上の者がいない間に好き勝手なことをすることに由来します。日本語では「鬼の居ぬ間の洗濯」です。

You seem to be having a good time without your wife.

奥さんがいなくて楽しんでいるようですね。

Yeah, when the cat’s away, you know.

うん、**鬼の居ぬ間に**、っていうところかな。

360 Where’s the beef?

牛肉はどこにあるの？

▼

真意は何ですか？　ポイントは何ですか？

アメリカのファストフード店Wendy’sのコマーシャルで、ある老婦人が競合店の大きな丸いパンを見て、「Where’s the beef?」(肉はどこにあるの?)とつぶやいたことに由来します。大げさな発言や発表を聞いて、内容の薄さにびっくりしたり、ポイントがわからなかったりした時に使う表現です。

W

Did you read my paper? It took me 3 weeks to write it!

私のレポート読んだ?　書くのに3週間もかかったのよ！

I did, but I have to say, where’s the beef?

読んだけど、正直言って、**要点は何なの**って思ったよ。

361

win by a landslide

地滑りで勝つ

▼

地滑り的勝利を得る

「圧倒的な勝利」をlandslide victory、つまり、「地滑り的勝利」といいますが、「地滑り的勝利を得る」はwin ～ by a landslideといいます。この場合の前置詞のbyは「程度」や「差」を表します。

Trump won, because people wanted him to be the President.

トランプが勝ったのは、国民が彼に大統領になってほしかったからだろ。

Not necessarily. And it's not like he won by a landslide.

そうとも言えないよ。**圧倒的勝利**だったわけでもないし。

362

with bells on

鈴をつけて

▼

喜んで、さっそうと、着飾って

パーティーなどの招待に対する返事として、積極的に参加したいという感情を表す表現です。アパラチア山脈辺りの行商人はアメリカ先住民を避けるために静かに移動していましたが、白人が定住しているところにたどり着くと、到着を知らせるためにベルを鳴らしたことに由来します。

I hear your military son is coming home for Christmas.

軍隊に入っている息子さん、クリスマスに帰ってくるんですって?

Yes, he is! We're all waiting with bells on!

そうなんですよ! **大喜びで**待っているんです。

363

with flying colors

旗をなびかせて

▼

大成功を収めて、立派に、やすやすと

海軍がマストに旗をなびかせて港に入ってくる様子や、かつて陸軍が勝利を収めて戻ってくる時に旗を揚げていたことなどが由来とされます。colorsとは「色」ではなく、「軍旗」や「国旗」などの「旗」のことです。

How's your daughter enjoying the college?

娘さん、大学を楽しんでいる?

She loves it. And she's got her mother's brain – she's getting A's with flying colors!

すごくね。あの子の頭脳は母親譲りだな。**見事に**Aばかり取っているよ!

364

worth one's salt

塩に値する

▼

報酬に値する、仕事を忠実にこなす

古代ローマ時代、塩は貴重品で、兵士の給料の一部は塩で支払われていました。兵士はそれぞれの働きに見合った塩を与えられていたことから、worth one's saltで「自分の給料に値する」という意味になりました。the salt of the earthなら「善良で信頼できる人」のことです。

Is that murderer being sentenced this afternoon?

あの殺人犯の判決、今日の午後だっけ?

Yeah. I'd say any judge worth her salt would give him a lifetime in prison.

そう。**ちゃんとした**裁判官なら、終身刑を言い渡すわよ。

索引

＊数字はページです

デザイン・レイアウト　三橋理恵子(Quomodo DESIGN)
イラスト　晴智ありさ
校正　山口晴代、Matthew Cotterill
協力　福井暁光
編集協力　Sayaka Wild

英語《えいご》イディオム語源辞典《ごげんじてん》
語源《ごげん》とイラストでスラスラ覚《おぼ》える

2020年6月16日　第1刷発行

著　者　清水建二《しみずけんじ》
発行者　渡瀬昌彦
発行所　株式会社　講談社
〒112-8001　東京都文京区音羽2-12-21
販売　TEL03-5395-3606
業務　TEL03-5395-3615
編　集　株式会社　講談社エディトリアル
代　表　堺　公江
〒112-0013　東京都文京区音羽1-17-18　護国寺SIAビル6F
編集部　TEL03-5319-2171
印刷所　半七写真印刷工業株式会社
製本所　株式会社国宝社

ISBN978-4-06-519568-0